愛上自己的不完美

［全新版］

張德芬

【目次】

Part 2 找出「我是誰」——喚醒被催眠的幸福 057

Part 3 好好愛自己了嗎？——學會聽懂身體的「吶喊」 087

Part 4 幸福的門一直敞開著——讓心頭的能量自然流動 137

Part 5

擁抱生命中的陰影——面對內在的黑暗角落 163

Part 6 最美妙的人生——建立圓滿的親密關係與親子關係 209

❁全新版序❁

生命中的難關是我們的人生功課

《愛上自己的不完美》要發行全新版了。二〇一一年出版這本書的時候，我處在生命的風暴期，正在面對人生中的重大難題，所以這本書出版的時候，我沒有接受任何媒體的採訪，不願意做太多宣傳，但是，這本書卻成了我所有著作當中，銷售量僅次於《遇見未知的自己》的一本書。

我在裡面語重心長寫下了這一段話：「不是你拜了多少上師……」這段話顯然在靈性成長圈很受到觸動，廣為流傳，甚至有人說這是宗薩仁波切說的話。其實，只是我赤裸裸的心聲袒露而已。

最近這兩年，我感覺到自己內在的逐漸轉變。轉變的起點不在於我上了多少課、讀了多少書，甚至是寫了多少書，而在於我受夠了自己。我討厭自己老是扮演受害者的角色，那個孤苦無助的小女孩，那個被欺負、沒有人支持、理解的小女孩，我受夠了。我在生活的層面，開始認真地面對自己的惡習、慣性，痛下決心去改變。修行修到最後，如果還是一味地呈現出自己光鮮亮麗的一面，不肯下定決心去面對自己的劣根性，那麼修出來的東西也是假的。

說出那些好聽的道理，也就是所謂的心靈雞湯，真是非常容易。這些東西在平時，的確可以讓我們自娛自樂，讓自我感覺更加良好。但是關鍵就在於困境來臨的時候，你是否能夠活得出來。就算活不出來，也沒有關係，事後你是否能清楚地看到自己，承認、接受自己的不足，進而很快原諒自己，並且在實際行為的層面做出改變，這是成長的關鍵。

年過半百，我覺得人生的旅途愈來愈精采，尤其是有諸位讀者的相伴。每次出去演講，都會碰到朋友告訴我，我的書改變了他們、引領了他們，讓我覺得無上榮幸。而最重要的是，也有朋友說，為什麼生命中的難關是一個接一個的，愈來愈難。我只能說，親愛的，我也有同感。不過沒關係，這是我們勇敢的靈魂為我們設定的功課，所以不要忘了，我也是在過關斬將的過程中，一路陪伴你們。

知道這條路上我們擁有彼此，感覺真好。深深的祝福！

✻前言✻

生活情境是最好的上師

《愛上自己的不完美》是我從二〇〇七年出版《遇見未知的自己》之後，一路走來的心得總結。追求靈性成長的人，包括我在內，都有一個通病：追求完美，要求更好。

記得我剛開始參加靈性工作坊時，老師常常要學員們分享來上課的目的。我通常會說：「我要成為一個更好的人。」這句話一語道盡靈修者的心態。然而一路走來，我發現所有的典籍和大師都告訴我們，每個人都是本自具足的靈體，真正要修的是掃除阻礙我們看見自身真相的事物。

於是，問題就來了。掃除障礙，聽起來好像是要「去除」自己不好的那些部分，好讓我們的本來面目得見天日。但我多年來的體驗卻是，所謂的「掃除」，其實是看見和接受，就這兩個步驟，沒有其他的。

如果你的靈性修持是不斷向光明面邁進，努力讓自己更加定靜、更有耐心、更慈悲、更友善，那麼我可以斷言，你正在壓抑或逃避自己的陰影。這其實也是許多靈性大師人格面的障礙，他們被弟子、學生捧得太高，無法好好面對內在的陰暗面，遇到事情時，自己也無法療傷止痛，最終還是會造成問題。

尋尋覓覓了許多年，找了好多上師，我一直期待有個老師或法門能讓我斷除煩惱，甚至開悟解脫，但最終還是以失望收場。我現在覺得，最好的上師就是你生活中的各種情境，尤其是那些你最不喜歡的人、事、物。

有人指著我的鼻子罵：「妳這個心腸歹毒的女人！」我回到自己的內在，看看我是不是真有心腸歹毒的一面。當然有！我天蠍座的本性在許多未訴諸行動的報復想法中展現無遺。

有人對我說：「妳就是太貪心了！」我看著對方，很想找出十個例子來告訴他，我其實不是個貪心的人。但是當我誠實地回觀自己有沒有貪心之處、貪心的時刻，我發現：當然有！

有人罵我：「妳少管閒事行不行？」我當下接受，覺得這是上師給我的指示，但有一次還是多嘴管了一件閒事，下場當然不好。我在受苦的過程中想起那位萍水相逢、在電梯裡抽菸被我糾正的凶悍仁兄，覺得真是對不起他。人家都大聲地叫妳少管閒事了，怎麼還不聽呢？

這些人都是我的上師，他們明確地指出我人格中的陰暗面，以及我應該學習的功課。相較於愛我的家人、愛我的讀者，這些人真是我的「成就佛」。

當然，和你最親近的人常常也是最好的上師，給你最重要的人生功課。關鍵就是，我們有沒有勇氣和智慧去看見自己的功課？夠不夠誠實去承認自己的缺陷？有沒有足夠的謙卑去臣服於生命中的不順遂？

如果你具足了「勇氣」、「智慧」、「誠實」和「謙卑」，就能臣服於生命中的大小風浪，並且真正愛上自己的不完美。

我正在努力學習的過程中，邀請你與我同行！

P.Y.

Part 1

快樂是一種選擇

你的心態決定你的幸福等級

承擔個人責任的層次愈高，擁有的內在力量就愈多，自由度也愈高，而你的喜悅及自在感當然也會愈深。

為你的快樂負起責任

有讀者寫信告訴我，看了我的書，瞬間就變得快樂起來。也有讀者寫信來抱怨自己過得不快樂，希望我能幫助她。其實，你快樂與否真的是你自己的事情，一本書可以讓你變得很快樂，而別人的一句話可能就會讓你不開心，這樣，你就把自己快樂與否的權利交給別人了。

生活是你自己在過，你必須體會到這一點，為自己的生活和快樂負起責任。

《當下的力量》作者艾克哈特．托勒就說過，我們要分清楚「生活」（life）和「生活情境」（life-situation）之間的不同。生活應該是永遠美好的，只不過生活當中有一些情境會讓我們失望、痛苦。為什麼生活是美好的？因為它就是「如是」、如實地存在著，不會因為我們的批判、論斷而有所改變。

如果想要快樂，第一步就是要和自己的生活和睦相處，不去抗拒它。生活就像大海，而生活情境就像大海的波浪，也許我們不喜歡太大的浪花，但大海始終都在那裡，一直都是寧靜的。

我們看起來好像很無助，是生活情境的受害者，可是我們並未意識到，受害者沒有謙卑的心，他們不願意承擔生活及生活中出現的各種狀況帶來的麻煩、痛苦、羞辱和不堪，不能以柔軟的心接納生活的安排。所以我們不快樂，以為把「不快樂」當成抗拒的工具，就可以改變自己所面臨的生活情境。結果，生活情境不但沒有改變，反而更糟了，因為我們聚焦在讓自己不快樂的事物上，不斷地放大、增強它們的影響力。

你想要快樂？很簡單。先向你的生活和生活情境鞠個躬，真心地接納它們。然後，你可以祈求更高的智慧給你力量，去改變自己的生活情境。所以我說，我們常常把力量用錯地方了！我們不應該抗拒生活和生活情境，也別坐在那裡抱怨，而是應該先向它們臣服，然後採取一些積極的行動去改變自己不喜歡的生活情境。請將抗拒、抱怨，轉變為臣服、行動！

我們會對外界的人、事、物感到厭煩，是因為對自己厭煩，失落了與真實自我的連繫，而一顆開放、謙卑的心可以讓我們少受很多苦。

也許你會問：「那我要怎樣才能做到不抗拒，甚至臣服於它呢？」在這裡，我要教大家一些最簡單的方法。

下次如果你又覺得身邊的人、事、物讓你厭煩，或是感到不快樂時，就閉上眼睛，回到內心問自己：「我是否可以歡迎它？」答案顯然一定是：「不，我怎麼可能歡迎它？」

沒關係，因為當你能夠這樣問自己時，就表示你已經把自己和讓你討厭的生活情境或負面情緒之間的距離拉開，而不會被它們牽著鼻子走，或是無意識地認同它們，沉浸在「問題」之中，猛鑽牛角尖了。

接下來，請再問問自己：「我是否可以允許它存在？」

當你問自己這個問題時，其實你心知肚明，不管你允許或不允許，它都已經存在了。然而，即使你勉強、委屈地回答：「好吧！」你也會覺得有一股小小的力量由心底升起，因為你「允許」了一件你不喜歡的事物存在。這就是臣服的第一步。

請試著經常回到內心去觀察自己，跟自己在一起。也許一開始會很不習慣，因為你十分厭煩你自己或你的生活情境，逃都來不及呢！可是，當你逐漸把眼光由外界收回自己身上時，你就會發現內在的力量正慢慢地累積、增長，跟自己的關係也逐步改善了。

最後，我衷心希望大家能有一種信仰，不一定是宗教信仰，但一定要有一顆足夠謙卑的心，去相信這個世界、這個宇宙有一種最高的力量或智慧存在，然後尋求它的幫助，向它傾吐你所有的不快樂和厭煩。當你和它建立一個溝通管道之後，也就找到一條通往真我的捷徑了。

千萬不要放棄！把你想要放棄的能量轉化成正面的能量吧！其實它們的性質都一樣，只是你以前沒看到自己是有其他選擇的。

❋——給親愛的你——❋

我們必須為進入自己生命中的人、事、物負起全部責任，學會接受自己的不快樂，也接受人生的不完美，心甘情願地學習「臣服」的功課，找到一種追求美好生活的快捷方式，而最好的方法就是從當下開始。

順其自然地接納，別問「為什麼」

我一直在學習「接納」與「放下」，雖然愈學愈好，但有時候還是覺得不到位，因為我還是會問：「為什麼？為什麼這種事要發生？為什麼事情會這樣？為什麼不能如我所願？」我發現，當我在問「為什麼」時，其實是懷著一種受害者心態，想要討回公道。

我有個朋友，她的先生不到四十歲。有一天，先生陪孩子在地毯上玩的時候，倒在地上沒有再起來，就這麼走了，連一句「再見」都沒來得及說。在談話中，她隱約地問到「為什麼」，我看著她盈滿淚水的眼睛，試著盡量不用說教的口吻告訴她，靈修有一個很重要的原則，就是不問「為什麼」。問這個問題只會讓自己愈繞愈深，難以脫離。

其實，聰慧的她早已知道答案。她說，她先生走的前一天，友人剛好來訪，談起一部電影——《一路玩到掛》。故事是說一個很有錢的白人和一個貧窮的黑人住在臨終病房裡，兩個人都快「掛」了，突然聊到自己未完成的心願。於是，有錢的白人資助黑人陪他環遊天下，去嘗試一些自己一直想做的事，完成一些未了的心願。

朋友提到，她先生當時就說自己沒有任何未完成的心願，對現有的生活十分滿意。而第二天，當她看到先生倒在地上那一瞬間，竟然沒有任何驚訝的感覺，反而有一種「終於發生了」的感受，彷彿她早已知道會有這麼一天，雖然事前她在意識層面上一點也沒有感覺到什麼。

她嘆了口氣說：「好像一切都是注定的！」

我當然不是絕對的宿命論者，但不可否認，人世間有很多現象是找不出答案的，只能說是「命」，尤其是生死這一關，真的很難由自己掌控。

不管有沒有所謂的「命中注定」，我們都要尊重事實，這是很重要的。事情既然發生了，就要尊重它，不要抗拒，或是心生嗔厭。我覺得聖嚴法師說得很好，碰到自己不喜歡的事情時，要「面對它，接受它，處理它，放下它」。學會這幾句話的智慧，可以讓我們每個人都過著自在心安的日子。

這就是我最近發現的「放下」的訣竅：不要問「為什麼」。所以，當你在質問「為什麼」時，就要意識到自己又在跟現實、老天或他人較勁了，因為接納是不需要問「為什麼」的。處理它，放下它，安心自在！

❃——給親愛的你——❃

任何能丟棄自己不實的身分認同，而且不被自己的思想、情緒及身體限制和妨礙的人，都能展現真我的特質。

親愛的，那不過是一個想法

我們常常被自己的念頭所困，好像一道無形的枷鎖捆住了我們的手腳，讓人動彈不得，然後我們還抱怨：「都是他們害我變成這樣的！」

我收到兩封讀者來信，其中一個人說：「我父親不認可我交的男友，我很痛苦。」另一個則說：「我母親對我的期望很高，我必須做到最好才對得起她，可是我很不快樂。」

讓我們用拜倫・凱蒂「一念之轉」的方法，來檢視這些困住我們的想法是否真實。

第一個想法：我交往的對象一定要獲得父母的認可和支持。

這是真的嗎？這句話的真實性有多高？我們只要調查一下：天下的父母都能認可兒女交往的對象嗎？事實是，不會，因為他們不能。為什麼不能？因為那是他們的事，他們的決定！

如果無法接受事實，還想跟事實抗衡的話，我們會輸，而且百分之百會輸。這裡的事實就是，父親（或母親）並非每次都能支持、認可兒女交往的對象。那麼，我們做兒女的是不是能夠在堅持自身立場的同時，還一如既往地敬愛自己的父母？

我們都是成年人了，應該為自己的行為負責。父母不能諒解是他們的事，要責怪我們也是他們的事，我們是不是可以不為所動，堅持自己想要的、熱愛的，但依然深愛、尊敬父母？當父母對我們施加壓力時，我們可不可以聽進去，然後給他們一個擁抱，並附上一句「我知道你是為我好，但我會做最好的選擇」？

父母是需要再教育的。他們要知道孩子已經大了，必須尊重孩子，而不是限制孩子的自由。那麼，該如何再教育父母呢？就是我上面說的，堅持自己的立場，但仍然愛他們如昔。盲從不等於孝順。你聽從父母的結果是讓自己很不開心，這些情緒終有一天會爆發出來，而爆發的時候，你所做的、所說的，會更傷父母的心。重點是，你的生活會變得一團糟！

我想問你：當你抱著「我交往的對象一定要獲得父母的認可和支持」這個想法時，你是什麼樣的人？你和父母在一起，以及和男友（女友）在一起時，行為舉止又是如何？我可以想像，你的壓力會很大、會很不快樂。和男友在一起時，妳覺得欺騙了父母；和父母在一起時，想著男友又難過，甚至覺得愧對男友，因為妳的父母親不喜歡他。

讓我再問你：當你沒有這樣的想法時，你是什麼樣的人？請你閉上眼睛好好想像、好好感受一下，如果你的腦子裡根本沒有這個念頭，那麼在父母面前，你是不是可以接受他們的不接受？在男友面前，妳是否也可以很坦然？

是的，不過就是一個想法嘛！你為何允許它掐住你的脖子不放，讓你進退兩難，快樂不起來呢？真正讓你痛苦、讓你不快樂的，不是父母的行為或立場，而是你的念頭。很顯然，當你這樣想的時候，你很痛苦；而當你沒有這種念頭時，你很自由。那麼，是誰的問題？

如果你說：「我交往的對象不一定要獲得父母的認可和支持。」這句話的真實性不亞於原來那一句吧？但為什麼你總是選擇讓你痛苦的那句話，而不選擇真實性和它不相上下、卻可以讓你自由的第二句？如果你能擁抱、認可第二種想法，那麼，困擾你多時的問題就不是問題了，不是嗎？

我們再來分析一下第二個讀者的想法：我母親對我的期望很高，我必須做到最好才對得起她。

你不妨這樣想：這是定律嗎？當你有這種想法的時候，你快樂嗎？你就對得起她了嗎？完全順應父母的期望就是孝順嗎？你可不可以做自己，但依然深愛父母？你能不能讓父母也學著為自己的快樂承擔責任，而不是把快樂建立在對別人的期望上，即使對方是他們辛苦養大的孩子？

為人子女者要明白，父母的痛苦不是我們可以承擔的。像我就深愛我的父親，他對我的期望也超高。小時候，他會將一雙大手按在我的肩膀上，對我說：「女兒啊！爸爸一生的幸福、快樂都寄託在妳身上，妳千萬不要讓我失望，要好好表現，知道嗎？」我肩膀上背負了我深愛的父親的快樂、幸福，好沉重啊！這讓我始終鞭策自己要做到最好，讓父親快樂，但是我不快樂。

隨著靈修的深入，我漸漸了解到，無論我表現得多好，永遠無法滿足父親。那個心靈的空洞是在他的內心深處，除了他自己，沒有人可以滿足、填補。了解到這一點之後，我頓時覺得海闊天空，自由翱翔！我過我自己的生活，但還是很孝順父母，常常回去看他們，也常常打電話跟他們聊聊天，盡量滿足他們的需要。但我是一個獨立的人，我自己決定我的生活。

很奇怪，**當你選擇不再隨對方起舞時，對方也放開了對你的箝制，並且學會為自己的情緒負責**。這是我們可以送給父母最好的禮物，因為人來到這個世界上就是要學習「進化」，而在進化過程中，為自己的情緒和反應負責，是絕對重要的一課。

親愛的朋友，當你不再抱持「我母親對我的期望很高，我必須做到最好才對得起她」這種想法時，你是什麼樣的人？你能否拿出自己最好的那一面來愛你的母親，而不是透過恐懼、擔憂和愧疚來與她互動？

如果你能看到「我母親對我的期望很高，但我不需要做到最好才算對得起她」這句話和前面那句一樣真實，而且有過之而無不及，你是不是就能過著更好的生活？請試著相信後面這句話，說不定你和母親的關係、和自己的關係，以及和其他人的關係會更進一步。

親愛的，那不過是個想法罷了。不要讓它箝制你，讓你無法做個自由的人。

＊──給親愛的你──＊

記住，每一件發生在你身上的事情都是一個「禮物」，只是有的禮物包裝得很難看，讓我們心懷怨懟或心存恐懼。所以，它可能是一次災難，也可能是一個禮物。如果你能帶著信心，給它一點時間，耐心、細心地拆開慘不忍睹的包裝外殼，你就會享受到這個內在蘊涵著豐盛、美好，而且精心為你量身打造的禮物。

喜悅是消融負面情緒最好的光

很多負面想法都是由一些負面情緒衍生而來的，例如你在看父母、配偶或其他人時，之所以老是看著他們的缺點，是因為你心裡有批判別人、責怪別人的需求。這個需求來自哪裡？歸根究柢還是你覺得自己不夠好，只好藉由批評別人的缺點、說他們不夠好，來讓自己好過一些。因為「我」說你不好，「我」看出來你不好，所以「我」一定比你好一點——這是源於自己內在情緒的一種需求。

如果能夠意識到這一點，你可以告訴自己：「我不必藉由別人的缺點來證明自己的好。」或者，你也可以活動一下，來撫慰自己的情緒。許多複雜的情緒和思想其實都是由身體造成的，如果你的身體非常健康，氣血通暢，心情自然會很開朗，就比較不會去貶低別人，或是想要證明自己，這樣心胸就開闊了。

比方說，你可以從事瑜伽、太極、氣功、靜坐等有益身心的活動，這非常重要，因為大多數現代人都喜歡在腦子裡較勁，情緒搞定了，思想搞不定；思想搞定了，情緒又搞不定。其實，如果你能夠除掉雜念，把身體理順了，你就會發現這些情緒、思想非但不會不請自來，還會自然而然地逐漸減少、消散，少到你可以去掌控它們，不被它們牽著走。所以，我說的每日念經、持咒、打坐、跑步、游泳，這些真的要去做。靈修不是用嘴巴說、不是用眼睛看、不是用腦袋想，而是需要你身體力行去實踐的。

另外，你還可以盡量減少頭腦的思維活動。很多時候，思考是沒有必要的。大腦喜歡在問題上琢磨，就像小狗愛啃骨頭一樣，當你察覺自己又陷入不必要的思考模式時，請立刻把自己的注意力收回來，放到眼前與你同在的某件事物上。你可以看著它、注視著它，與它同處於當下。或者，你可以聆聽當下的聲音，例如窗外的汽車聲、房裡的空調聲，讓這些聲音把你帶回當下，回到此時此地。

你也可以試著去嗅聞一些味道、品嘗一些食物，感受一下身體現在的狀態，這些都可以說明你活在當下，而不是在過去和未來的世界裡打轉，那對你一點好處都沒有。你可以去感受自己坐在椅子上時，大腿、臀部和椅子碰觸的感覺，或是去感受呼吸的一起一伏，與自己的身體打個招呼，這是回到當下的最好方法。如果在生活中經常這樣練習，你的強迫性思維就會減少，然後也能和自己的思緒拉開距離，甚至去檢視它們的真實性。當你有這樣的能力時，你會發現我們大部分的想法、念頭都不是真實的，而且會讓自己的情緒變得不好。這時，你可以試著換一個角度思考，或是問問自己：「這是真的嗎？」如此一來，你就會逐漸成為自己腦袋的「主人」，而不是它的「奴隸」。

❋——給親愛的你——❋

記住，「凡是你抗拒的，都會持續」，因為當你抗拒某件事或某種情緒時，你會聚焦在那個情緒或事件上，這樣就會賦予它更多能量，讓它變得更強大。

負面情緒就像黑暗一樣，你無法驅走它們，唯一能做的，就是把光帶進來。光一出現，黑暗就消融了，這是千古不變的定律。記住，喜悅是消融負面情緒最好的光。

人類最大的痛苦是什麼？

人類最大的痛苦是認同內在小我的頭腦，也就是我們的思想和思維方式，以為這些念頭就是我們自己，或是認為這些念頭都是正確的，因而盲目地聽命於它們。

例如，老公晚回家沒有先打電話告訴妳，妳就生氣了，覺得老公心裡沒有妳、不愛妳，而且完全陷入這種情緒裡，無法自拔。其實，情緒是來來去去的，它來的時候是你召喚來的，例如痛苦就是，但來了之後，它為什麼不走了？因為它被你的故事「勾」住，走不了了。在這裡，妳的故事就是：「老公回家晚了，卻沒有打電話告訴我，他心裡沒有我、不愛我。」我想問妳，這是真的嗎？

如果你能停止對這些事物、想法和故事的認同，真正感知到自己是誰，你就是有靈性的，不屬於物質世界。所謂認同就是投注自我感，比方說，你會認同你的車，如果開著ＢＭＷ，你就自我感覺良好；假如車丟了，你的內心就像被挖走一塊什麼東西似的。這就是認同，也就是把自我感投注到自身之外事物上的一種表現。

人類最大的悲哀，就是從無形無相的世界來到這個有形有相的二元對立世界，然後在其中失落了自己。我們嘗試在形象當中尋找自己——我可以更有錢一點、更有名一點、多擁有一輛車，甚至住進更大的房子；或者我要車子，我要房子，我要一個好老公，我要更多朋友，我要更多美麗的衣服。我們在這個物質的形象世界中尋找自我，然後又在其中迷失了自我。

什麼叫「在其中迷失自我」？就是你以為在這個有形有相的世界裡找到了自己，最後卻完全不知道自己是誰。不過值得高興的是，當你不知道自己是誰的時候，就離「你是誰」的真相更近了一步。

＊——給親愛的你——＊

「我」有一個身體，但「我」並不是「我」的身體，也不是「我」，名字只是一個代號，「我」所從事的工作也不能代表「我是誰」。無論是讓人同情的自己，還是優秀的自己，都是一種身分認同、一個看待自己的角度，不是真正的自己。

影響快樂的最大障礙

我常常思索「人為什麼無法快樂」這個問題。不光是我，每個人都覺得快樂很重要，但它為什麼如此不可捉摸？經過長時間的觀察、思考，我終於得到一個答案：我們被自己的思想、信念和價值觀操控得太厲害了，以至於始終做出一些和追求快樂、幸福背道而馳的事。

比方說，很多人對父母心存怨懟，因為他們覺得父母「應該」如何如何，問題是，這些人的父母就是無法提供他們想要的那種支持和愛。很多人一生都在尋求父母的認同而不自知，即使父母死了，他們還是在生活當中不斷地往外尋求不同來源的認同，永遠沒有安定下來的時刻。這時候，最好的方法就是像《一念之轉》的作者拜倫•凱蒂說的那樣，成為自己的父母——你想要的那種父母。這是一個很重要的能力。你能不能慈悲、溫柔地對待自己？如果你沿襲父母對待你的那種方式——你認為的不尊重、嚴苛、不體貼——來對待自己，那你怎麼能要求別人對你好呢？

你只能以自己值得的方式被對待。那你值得別人如何對待你呢？每個人都是平等的，沒有誰比誰優越，人的價值其實取決於我們怎樣對待和看待自己，這是決定我們如何被他人對待的一個重要因素。

前面提到的是與上一代之間的關係。而另一方面，我們與下一代的關係也是困難重重。有位媽媽對我說，她老是為了練琴的事和孩子起衝突。她承認，如果要她每天坐在那裡練一小時鋼琴，她也會很痛苦。我笑著問：「那為什麼妳要強迫孩子練呢？」

她理直氣壯地說：「當初是她要求練琴的，我跟她說好了，一旦做出決定，就要堅持到底。」

我又笑了，說道：「一個五歲孩子做的決定，妳要她一輩子尊重，堅持到底，是不是有點過分？」

這位媽媽毫不讓步地說：「我覺得做一件事情就是要堅持到底，不能半途而廢，我要教導孩子做到這一點。」

我又問：「那麼，妳自己做到了嗎？每件事情妳都做到底，沒有半途而廢嗎？我們自己都做不到的事，卻要強加於孩子身上，難怪孩子和妳都不快樂。」

此外，我還拿出《一念之轉》的方法來檢視她的念頭。「開始做一件事就要堅持到底，這是真的嗎？」她也承認這不是百分之百正確。

我說：「佛陀當初選擇以苦行的方式修道，最後放棄了，換了另一種方式才在菩提樹下悟道。如果他堅持苦修到底，可能在成道前就『掛』了，那麼今天就沒有釋迦牟尼佛做為人們成道的榜樣了。還有，黃帝軒轅氏則是拜了好幾十個師父才真正悟道。如果他堅持拜一個師父到底，我們可能就看不到《黃帝內經》這本千古奇書了。」

這位媽媽同意我的看法，但她說自己很難放下。沒關係，有些信念和價值觀是根深柢固的，一時之間很難丟棄，即使它們讓人受苦，即使我們知道它們未必正確（人真的是很好玩的動物）。但是，當你能夠拉開距離、檢視那些信念和價值觀時，就已經是個很好的起步了。

抱持著「開始做一件事就要堅持到底」的想法，讓妳和孩子都痛苦；放下這個不真實的念頭，妳和孩子都自由快樂。那麼，妳要堅持多久？

也許有一天，當你受苦受夠了，終於恢復理智時，你會願意試著放下那些被你奉為圭臬多年的錯誤價值觀和信念。那個時候，你會發現天空是如此寬廣，空氣是那麼新鮮，然後，你會初步嘗到自由和解放的滋味。

❀——給親愛的你——❀

快樂不等於喜悅。簡單地說，快樂是由外在事物引發的，先決條件就是一定要有一件能使你快樂的事物，所以它的過程是由外向內的。一旦那個讓你快樂的情境或事物不存在，你的快樂就隨之消失了。

喜悅則不同，它是從你內心深處油然而生的，所以一旦擁有了它，外界是奪不走的。

個人責任承擔的層次決定你的快樂程度

有這樣一個真實故事：一對雙胞胎兄弟在兩天之內不約而同地上報。哥哥上報是因為他是參議員，對國家有非常大的貢獻；弟弟第二天也上報了，他是因為殺人而被判處無期徒刑。由於兄弟兩人容貌相似，大家都以為登錯照片了。

有一名記者很好奇，便去訪問哥哥，問道：「是什麼動力促成了你今天的成功？」

哥哥說：「我的父親好賭，還常常喝得醉醺醺地回來打人。」然後，他嘆了一口氣，「在這種環境下長大，我能怎麼辦？」他沒說出來的話是：「我只有靠自己努力奮鬥了！」

弟弟也被訪問了，他無辜地說：「我的父親好賭，還常常喝得醉醺醺地回來打人。」接著，他也嘆了口氣，「在這種情形下長大，我能有什麼選擇？」他沒說出來的話是：「這不是我的錯，誰教我有這樣的父親！」

這個故事反映了一個人的擔當問題。

很多讀者不斷地寫信來向我抱怨他們的問題，哭訴他們的悲慘遭遇，每個人的處境也的確相當令人同情。但我不想扮演為讀者排憂解難的角色，也不想提出建議幫助大家改善外在環境。我希望讓大家變得更有擔當、更有力量和勇氣，為自己的人生負起責任。這沒有什麼技巧，只是一個選擇而已。

以下列出八個意識層次，其實也可視為個人責任的承擔程度。

你如何看待自己的問題？

層次一：這個問題是XX造成的，我只是個無辜的受害者。

層次二：因爲XX才會發生這個問題，雖然對我造成不便，但我必須善後。

層次三：這個問題的發生我也有責任，但我就是這樣，我也沒辦法。

層次四：生命中這種事很常見，我就是必須忍耐，睜一隻眼閉一隻眼地混過去。

層次五：這個問題眞讓人難受。老天啊，幫助我面對它吧。

層次六：這個問題不是誰的錯，我的內在有力量，能夠用有助於自己成長的方式來面對它。

層次七：這是我的潛意識吸引來（或選擇來）的問題，我其實可以爲自己選擇更好的東西。

層次八：我創造了這個問題，我可以賦予它任何一種意義。現在，我選擇轉化它，並從中獲取我的力量。

每次遇到問題時就可以來檢查一下，看看自己處於哪個層次，然後試著運用我談到的各種方法來提高自己的承擔能力，最終讓心靈自由、開放、解脫！

因為，你承擔個人責任的層次愈高，擁有的內在力量就愈多，自由度也愈高，而你的喜悅及自在感當然也會愈深。

以我來說，面對生活中的議題，有時我可以到達第八層次，有時可能還處在第一層次（有些反應是潛意識的，不知不覺；有些則是一個即時的快速反應，事情一發生就覺得自己是受害者）。不過我也注意到，愈是往下發展，我愈快樂。快樂的秘訣就在此！

＊——給親愛的你——＊

從小到大我們都有一個意識，自從有記憶以來，它就一直存在，陪著我們上學、讀書、結婚、工作。儘管我們的身體、情緒、感受、知識和經驗一直在改變，但我們仍然保有一個基本的內在真我的感覺。

這個內在真我不曾隨我們的身體而生，也不隨著死亡消失；它可以目睹、觀察人世百態，欣賞日出月落、雲起雲滅，而歲月的流轉、環境的變遷，都不會改變它。

將黑暗帶到光明之中

記得一位老師說過：「在修練自己的內在時，把光明帶到黑暗中是一種方法，但將黑暗帶到光明裡，是真正有效的作為。」這句話深深地觸動了我，因為過去大家一再強調光明（或救恩）可以消除黑暗、拯救人們。但我覺得，**如果黑暗代表我們的人格陰影（shadow）或心理創傷，過分強調或追求光明反而會讓陰影被推擠到黑暗的角落，**永不見天日。

我自己就有很深的體會。有一次，我被一位天使深深地觸動了心裡的舊傷，那是當眾被羞辱、被指責的痛。當然，追根究柢還是「我不夠好」的自責，然後就是「啊！居然被你發現了，真丟臉」的羞愧。雖然我當時壓制住內心的怒氣，隱忍不發，並且容許自己的「小我」被縮減、打擊，但我的心裡有著深深的痛苦和悲傷。

第二天，另外一位天使來提醒我必須「注意」哪些事情，再次往我的傷口撒了一把鹽。然後我察覺到，我所學的那些技巧，例如「當場放下」、「寬恕自己」、

「活在當下」等，真是一點用都沒有，因為我的舊傷被觸動了，內心被壓抑的能量正在找出口發洩，這時用其他的「光明」去遮蓋它是沒有用的。

我可以唸一百遍百字明咒，或是以唱詩歌、禱告的方式來遮掩，讓自己覺得好過一點。我也看見周圍有很多「光明」的事物可以做為屏障，例如我親愛的家人、我甜美的兒女、我舒適的家、可愛的小狗、熱情的讀者等，我大可以用他們當作「擋箭牌」，忽視心裡被勾起的痛。我也可以全然沉浸在幸福滿足的成就感之中，不去看自己那個表面已經癒合、但內部已腐爛的「傷口」。

可是我選擇面對。我想，很多認識或不認識我的人都很羨慕我，覺得我應該很快樂，因為我擁有那麼多。可是，我們常常看到許多世界知名影星和富豪罹患憂鬱症或其他上癮症、甚至自殺的新聞。為什麼？因為他們不願面對自己的黑暗面，而是用各種手段逃避、抗拒，結果使得陰暗的勢力更加強大（凡是你抗拒的，都會持續）。我們一般人還有一線希望，覺得如果我有了ＸＸＸ就會快樂，所以生活在自欺欺人的謊言中，聊以自慰；沒想到等你真的有了ＸＸＸ，還是不快樂，黑暗的陰影依然存在，無法消除，於是你只好用各種激烈的手段來應對，最後的結局就是慘烈犧牲。這其實也是許多所謂靈性大師的痛苦所在，只是他們已經到達一個外人眼中的靈性層次，無法走下階梯去擁抱自己內在的傷口，只好撐一天算一天。

一開始修行或向內看的時候就直接跳入靈性，其實是很危險的，因為許多心靈創傷和人格的陰暗面沒有被接納、修復。變成所謂的大師，或是接納了靈性理論（「我們都是光和愛，是美好的、完美無缺的」）之後，你就騎虎難下了，非得裝出那個樣子不可，不然就是修練得不夠好。

我決定把積壓的情緒釋放出來，於是安排好時間、地點痛哭一場。哭泣的時候，我深刻地去感受自己那份「自責、羞愧、不夠好」的痛苦，讓它們站到光明的舞台上盡情「展現」自己。一旦將那些痛苦帶入光明之中，它們就不會繼續在黑暗裡咬牙切齒地找機會跳出來發洩、報復了；也就是說，那些痛苦不再獲得能量。或許它們還有一些剩餘的力量，但就像電池一樣，即使不再為它充電，它也能維持一段時間。

哭完以後，我覺得心頭的重擔已經放下了。與此同時，我也相信自己的內在還有許多類似的黑暗面有待處理、修復。我願意給自己時間（反正這輩子沒修完，下次再來就是了），而且當我以勇氣、愛心和耐心去應對那些黑暗面時，它們對我的影響和掌控就不會那麼大了，這樣我才能做自己真正的主人，而不是情緒的奴隸！

當你的情緒被觸動時，要把焦點放在自己身上，而不是觸動你情緒的那個人身上，這就是累積內在力量的開始。

❋——給親愛的你——❋

想要掙脫受害者的角色是沒有用的，因為這樣的嘗試只會把你帶到迫害者和拯救者的位置。所以，若想脫離這個牢籠，你必須面對受害者的痛苦。一旦化解、整合了這些痛苦，你就能從牢籠中掙脫。

我們一直是命運的主人

所謂命運，其實就是由一個個選擇構成的。我是相信命運的。人從小，甚至在娘胎裡剛成形的時候，就被各式各樣來自母親、家庭和社會的資訊影響，形成了一系列固有的行為模式和思維模式。人就是被這些模式操控著，在一生當中不斷地做出一個個無意識的選擇。

你會發現，碰上某些事情時，你總是會發怒，而且老是遇到同樣的麻煩，遇到相同的人。妳和老公之間的某些問題一再出現，即使換一個人，妳還是會遇到同樣的障礙。如果不去覺察，妳就會一直被這些問題困擾。其實這就是「命運」。

如果無意識思維和慣性行為模式造就了每個人的命運，那有沒有一種簡便的方法能夠讓我們從這些慣性思維模式或反應中跳出來呢？

當然有！最簡單的方法就是去檢視自己究竟想要什麼，然後看看你是否在生活中得到了。比方說，你一直很想結婚，卻老是結不了婚；你一直想要成功，卻總是失敗。這就表示你的內在其實存在著許多限制了你，讓你沒辦法結婚、沒辦法成功的模式。或者，你可以誠實地問自己：「我真的那麼想結婚嗎？」、「我真的想成功嗎？」認真地回觀自己，體會內在的每一種感覺、每一個念頭，是很重要的。

在這種情況下，你的內在一定有什麼東西卡住了，擋在前面的就是潛意識裡的負面模式；如果你能改變它，就能改變自己的命運。這些說起來容易，做起來卻很難。

大多數人往往不知道自己真正想要的是什麼。有一次，我收到一封簡訊，特別喜歡：「口袋裡沒錢，心裡有錢的人最痛苦；口袋裡有錢，心裡也有錢的人最煩惱；心裡沒錢，口袋裡有錢的人最幸福；口袋裡沒錢，心裡也沒錢的人最瀟灑。」你想要做瀟灑的人、煩惱的人、痛苦的人，還是幸福的人？其實這是可以選擇的。

當然，最高境界就是口袋裡有錢，心裡沒錢。這裡的「錢」也可以換成其他任何一樣東西。一般人都是在追逐「有、有、有」，但隨著心靈成長，我們會慢慢了解自己真心想要的是什麼。就這一刻而言，我建議大家把目光放在尋求當下的平安、自在、解脫上。

如果你能把目標放在這裡，能夠發自內心地做到這幾點，你就會發現，很多原來一直求之不得的事物會不請自來。生命真的就是這麼奇妙！道理很簡單，如果你每個當下都活得平安、喜悅，就會熱愛自己所做的每一件事；而如果你熱愛自己所做的事，那麼你一定會成功。然後，成功會為你帶來你想要的那些外在事物，但這是由內而外產生的，所以帶來的喜悅就能持久不衰。你周圍的人也會被你的正向能量感染，從而不知不覺地為你帶來各式各樣的助緣和善意，你想不快樂都不行！

❃——給親愛的你——❃

如何才能不受思想干擾，享受當下這一刻呢？你可以傾聽自己腦袋裡的聲音，做一個觀察的臨在。聲音在那裡，你就在這裡聽著它、注視著它。這份了解就不是一種思想了，而是你臨在時產生的感覺，一種新的意識向度就出現了。透過這樣的觀察（傾聽內在的思考、對話），你可以感受到那些思想下面比較深層的自我，一個有意識的臨在。

如果身心靈是一棟房子

一直以來，我們都在強調身心的平衡，追求心理的健康，然而這個世界並沒有變成一個讓人感覺更快樂、更美好的地方。所以，現在最新的趨勢是宣導身心靈的平衡，在身心的基礎上加了一個「靈」。

「靈」究竟是什麼？它是否具有唯心或宗教的色彩？其實，如果用一棟房子來比喻身心靈，「身」就是房子的框架、結構，是硬體部分；「心」就是思想、情緒，可以用房子的軟體部分，也就是裝潢、色調、家具等來表示。

那麼，房子當中最重要的是什麼？空間。是的，空間！對一棟房子來說，空間最為重要，否則它就失去了自身的功能，因為沒有空間，人住不進來，東西也放不下。更重要的是，一棟房子的空間感決定了它是否會讓你感到舒適。

身體如果不健康，相當於房子的結構、框架有問題；心理如果不健康，就像房子裝修的品味很差，而且塞滿垃圾（各種負面思想和情緒），那麼房子的空間就無法被好好利用，或者這棟房子看起來會很不好，住在裡面的人一定不會舒服、開心。

同樣的，如果心裡充滿情緒性的垃圾，每天都在抱怨，不知道感恩、欣賞自己所擁有的事物，我們的內在空間就會變得很小，難怪會覺得不快樂、不舒服。

聰明的你也許已經知道了，內在空間指的就是我們的心靈，是需要去培養、滋潤的。否則，即使房子再好（身體再健康）、裝修得再漂亮（有很多外在事物來滿足心理上的需求和享受），但如果沒有空間（不注重靈性的培養），我們也住得不舒服。

那麼，靈性的空間該如何培養？首先，別讓太多負面思想和情緒霸占自己的內在。我多次提到，大家應該學習「觀察自己」，不但要了解自己此刻的情緒狀態，更要了解腦袋裡的聲音在喋喋不休地說些什麼。

當我們的內在不再被負面情緒和思想控制時，內在空間——也就是靈性——會逐漸擴大。這時，我們才能享受到真正的喜悅與和平，這是外在的物質世界無法提供的。

當然，提升靈性空間有很多實際可行的方法，大家可以參考《活出全新的自己》這本書。

✽——給親愛的你——✽

真正的自由不是外在的，而是內在的。我覺得人生模式就像綁在身上的繩子，讓人動彈不得，並且像傀儡一樣活著。你只有一點一點地剪斷人生模式給你的牽制、制約，才能真正獲得自由。

與不舒服的感覺和平共處

雖然知道是我的投射，但別人的某些行為真的讓我很難受。
雖然知道與我無關，但別人的言語真的觸痛了我。
雖然知道不該這樣想，但我還是一直逃避，不願面對它。
雖然知道憤怒、悲傷沒有用，但我還是無法從負面情緒中走出來。
雖然……

我們會如此身不由己，主要還是因為被慣性的情緒操控。
深沉的行為模式和情緒模式，就像電腦裡的程式一樣在控制我們。
我們之所以讓情緒操控，是因為不願意面對情緒後面代表的痛苦。
也許是因為不被尊重而引發的憤怒，憤怒之下是「我不夠好」的悲傷，再下面
則是無價值感的痛苦。

也許是嫉妒引發的憤怒，憤怒之下是童年經歷過的心碎——誤以為媽媽愛弟弟妹妹多一點的痛苦！

也許是被拋棄的憤怒，憤怒之下是對孤獨的恐懼，再下面又是童年時被遺棄、被忽視的心碎。

就這樣，每個讓我們不舒服的感受後面都有一個故事。故事最終又會指向一股無價值感的悲傷：被拋棄的痛苦和不想再經歷的心碎。

然而，愈是不想面對的，愈是在生命中不斷出現。周遭的人、事、物會一直帶來訊息，提醒我們：一個「古老」的傷口正在等待被療癒。

療癒之後，你會更開心、更自由，成為一個更完整的人，因為你收復了一部分被拋棄、被壓抑的自己。

這裡有一套簡單的方法。每當生活中出現了讓人不舒服的事情時，大家不妨試著用這套自我安撫的方法來面對。

一、覺得不舒服時，試著接受自己的不舒服與對方無關這個事實，並嘗試體會這是你內在一個多年的舊傷被觸動了。

二、與自我對話：告訴自己，不舒服的經歷是讓你更加了解自己的必經之路。這沒有對錯，所以你不必抗拒或否認。它出現的目的是要幫助你成長，不是來找碴的。

三、慈悲地觀照自己：去覺察身體的哪個部位有緊繃或不舒服的感覺，然後將呼吸輕柔而慈悲地帶到那裡，輕輕地安撫它。

四、與不舒服的感覺和平共處：透過你的自我安撫，把不舒服的感受全部包容在自己的身體裡，不去批判或壓抑。這時，你可以尋求更高的力量來幫助你——「更高的力量」可以是一種神祇，或是你內在的至善力量、你的「高我」、宇宙等。讓更高的力量把光帶進來，擁抱不舒服的部位，像抱著受傷的脆弱小孩一樣，溫柔而慈悲地……

上述的第四個步驟是藉由高頻率的正面能量來中和你低頻率的負面能量，在它們整合之後，你就穿越了自己一直不敢也不想面對的負面情緒和痛苦，進而看見真正的自己。

✻——給親愛的你——✻

勇敢地面對自己的脆弱，是從受害者牢籠中走出來的唯一途徑。脆弱會讓人覺得受傷、痛苦、恐懼，所以你會想要逃避它。但請記住，這是你唯一的出路。

深呼吸，把呼吸帶到你覺得痛苦的地方。呼求光、呼求愛，想像有一道光從你的頭頂射進來，隨著呼吸進入你脆弱而痛苦的核心所在。讓這股高振動頻率的能量整合你低頻率的能量，這樣你就能整合自己內在的脆弱和痛苦。

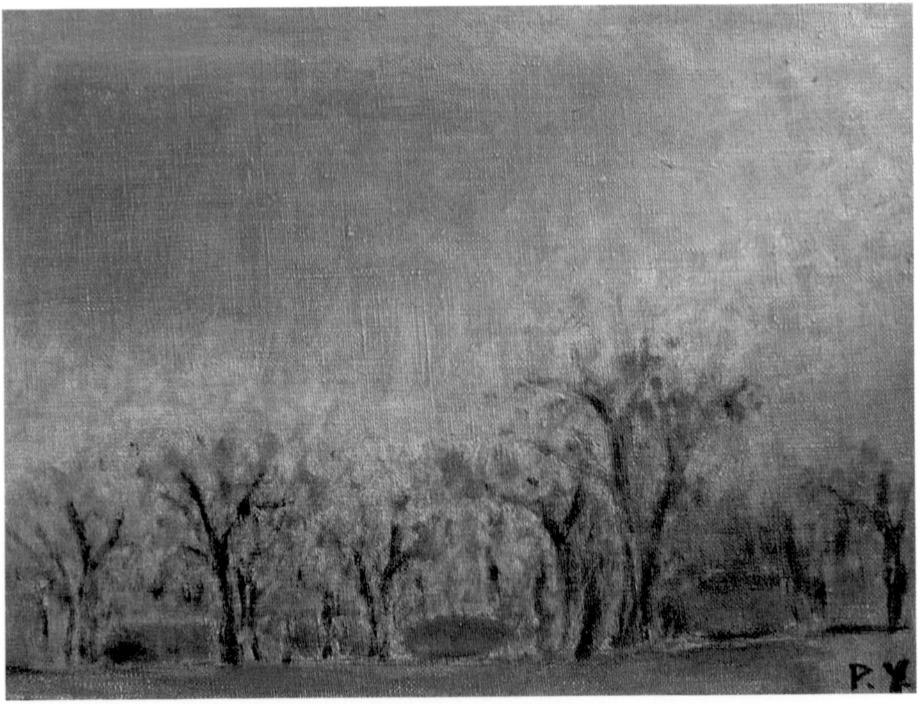
P. Y.

Part 2

找出「我是誰」

喚醒被催眠的幸福

我所知道最快解脫的方法就是看清自己的本來面目。如果你相信自己就是這具身體，一個可憐的人，每天在這個世界掙扎求存，那麼你很難逃脫自己的牢籠。

「我是誰」這個問題其實無解

這個有形有相的世界起源於無形無相，也就是老子說的「道的境界」。在那個合一的境界裡，一切都混沌不明，但它是永恆的、不可摧毀的。而且老子說：「無名，天地之始。」它無法用語言形容，因為語言屬於左圖黑線左方那個世界。在「一」的境界裡，你無法體會到自己，因為所有事物都是合一的、無相的，都處於喜悅、平安與愛之中。

道	體
一體	二元對立
無形無相	有形有相
未顯化	顯化出來
合一	分裂
宇宙意識	個人意識
無名	有名

因此，所謂「神創造世界」，或是宇宙大爆炸，就是讓我們這些靈體帶了一絲宇宙意識下到凡間，也就是黑線左方那個世界。我們有了一具形體，誕生在有著黑白對錯、是非曲直的世界，並且認為自己和其他人都是獨立的個體，一同在這個有形有相的世界掙扎求存。我常常覺得這條黑線就是中國古老傳說中的斷魂橋，每個人經過那裡時都喝了「孟婆湯」，忘了自己的真實身分，而來到二元對立的世界中玩耍。

問題是，下到凡間以後，由於失去了自我感，所以我們一直在有形有相的世界中尋找自我。不幸的是，在這個有形有相的世界裡，所有我們賴以認同為自我的事物都有一個特性：無常（非永恆）。這就是人類受苦的主因。

「我是誰」這個問題其實無解，因為所有的答案，例如「我是個女人」、「我是個母親」、「我是個作家」，甚至說「我」是個靈體、靈魂、意識等，都是在二元對立的世界中用語言表達出來的，這些都不是真正的你。

真正的你在黑線右方那個境界裡——無形無相，而且無法用左方世界的語言來描述。因為一旦你為自己的身分貼上一個標籤，它又屬於二元對立的世界了。

❁——給親愛的你——❁

我們失去了與真我的連結，但人類還是要有「自我感」，於是我們向外發展，認同自己的身體、情緒、思想、角色、身分等，而產生所謂的「小我」、「自我」，汲汲於追求外在的、物質的東西，以尋求滿足。

沒有你的故事，你是誰？

每當感到痛苦或不悅時，我們會一直想要改變外在環境或事件本身，殊不知，無論外在環境或事件本身，都是我們無法改變或控制的，我們唯一有把握改變和控制的，就是自己的觀點。

很多人無法覺察到這一點，即使知道了，也沒辦法改變自己對事物的看法，因為我們有時候執著到不願意放棄自己的想法，或是走出自己的舒適區。而所謂的靈修，就是要幫助我們看進自己的內心，知道它才是造成痛苦的主因，而不是外境。唯有明白這個道理，又願意回觀自己內在信念的人，才有機會真正離苦得樂、自在解脫。

我所知道最快解脫的方法就是去理解、看清自己的本來面目，弄清楚你究竟是誰。如果你相信自己就是這具身體，一個可憐的人，每天在這個世界汲汲營營地奔波、掙扎求存，那麼你很難逃脫自己的牢籠。

你必須提升意識，到更高的層次去觀看自己的生命，這樣就比較容易改變你對事物的看法。

最可悲的是，我們無法體會到另一個層次的生命，所以緊緊抓著目前所能擁有的身分認同來冒充自己。因此靈性導師拜倫・凱蒂常問：「沒有你的故事，你是誰？」

如果放下自己現有的身分，不再掙扎，你是否會失去所依，找不到自己該寄託的東西或身分？如果放下老公外遇的事實、孩子的學習問題、自己的健康狀況，以及在事業方面的掙扎、工作上的不順利等，妳是否會覺得無所適從，好像失去了對抗的目標，人生變得沒有意義？

如果放下自己的痛苦、故事、虛假的身分，你會感到空虛，不知道自己究竟是誰，彷彿沒有了歸屬。於是隨便抓住任何一件讓你有自我感的東西，即使那個東西使你一點也不快樂，也比空無一物來得好。

著名靈性作家傑克・康菲爾德的《智慧的心》是一本非常能引起我共鳴的書，我想和大家分享裡面的三段話：

「每當我們執著於自己的身體、心智、信念、角色以及人生處境時，我們便會創造某種自我感。這種認同在我們把自己的情緒、念頭及看法緊抓不放，當成自己的時候，就會無意識地一再發生。」

「你每天都會檢查自己的物資是否充分——會去看冰箱的食物夠不夠。那你何不檢查自己看待事情的心態？要知道，審視自己的心靈是人生最重要的功課！」

「我們認同自己某部分的經驗，將那些感覺、信念、內在的對話與經歷都當成『我』以及『我的』。一旦產生這種認同感，便會產生狹隘的自我觀念，造成我與他人分離的幻象。」

我前面說過，最快的解脫方式就是看見自己的本來面目，知道自己是永恆存在的靈體，而不只是受限於此生的這具身體。要想體會這一點，最好的方法就是了解到：凡是你能觀察到的都不是你，你是那觀者、覺者，也就是能感知到一切的意識。外在瞬息萬變的心境和經驗都不是你，如果你能安住於這些狀態的意識中，就能把自己和你的想法、故事、情緒分開，從而得到自由。

傑克・康菲爾德建議我們不妨試試以下的方法：「假裝自我不存在，把所有的經驗都當成一場電影或夢境。別做電影中的主角，假裝你是個觀眾。觀看所有角色的演出，包括你自己在內。讓身心放鬆，拋棄執著的自我感，心靈安住於覺知中。仔細觀察當你放掉緊抓不放的心情後，生命自身會如何呈現。」

給親愛的你

一般人對自己身體的了解和控制程度只有百分之五，其餘百分之九十五是在潛意識狀態下由自動導航系統操控的。所以，找回與身體的連結有助於擴大百分之五的版圖，找回更多的自己。那麼，要怎樣找回與身體的連結呢？請跟你的身體對話，傾聽身體發出的訊息。

P.Y.

放下你的故事，走出信念的陰影

在信念方面，我們每個人都有三大陰影：

一、我不夠好。

二、我無足輕重，不重要。

三、我一定是哪裡出了問題。

由於這三個陰影的影響，我們會創造出大量的「故事」來迎合自己的信念。唯有決定用故事來愛自己，而不是打擊自己，才能運用自如，發揮當初我們設計故事的真正用意。

我就常常遇到這樣的讀者，他們有很多故事要說，每一個都很冗長，而且悲劇性特強。我不知道如何告訴他們，只有停止「改變」故事，停止「修改、轉化」你的故事，願意放下它們，進入「不抱希望」的狀態，不再想知道「我」究竟是誰、「我」的未來會如何，才能再度找到希望。

而在這個過程中，所有靈性修持都可能成為我們拿來修補、甚至強化故事的工具。放下故事才是最根本的解決方法，但是，我們要怎樣才能放下自己賴以為生的故事呢？

首先必須放棄受害者的角色，第一步就是為自己的故事負起全部責任。很多人靈修了半天，其實還是在自己的故事裡打轉，蒐集了一堆好聽的話，內心深處的傷痛仍然沒有療癒。這種情形在靈性老師（包括我）身上最為常見。

所以，真正放下意味著為自己的人生負起全責，也就是承認我們是自己命運的共同創造者。

此外，我們可以看見，在創造「陰影信念」繼而衍生出各種故事的同時，我們其實有一份禮物要給這個世界。有些人因為自己的痛苦遭遇而從事助人的行業，或是變成一個能為他人的生活帶來轉變的人，有的甚至寫出、畫出或創作出美麗的作品，與世人共享。

其次，我們要成為觀察者，聆聽自己內在那個喋喋不休地說著故事的「聲音」。這是讓我們脫離自身故事的第二步，也是最基本的功夫。

或者，你可以站在一個旁觀者的角度來重複自己的故事，甚至可以訪問事件中的其他人，看看他們看待問題的角度和你有什麼不一樣。你會發現，自己多年來奉為真理的某些看法，在別人眼中竟然如此不值一提。另外，你還可以用一個樂觀主義者的身分重複寫下你多年來抱著不放的故事，看看會有什麼不同。當然，如果這個故事是你在出生之前就寫下來的，那你可以試著了解一下：你為什麼要幫自己安排這樣的故事？有什麼課題和「禮物」在其中嗎？

我還有一個狠招，就是站在鏡子前面重複述說總是在自己腦海中翻來覆去的故事，說到厭煩為止。你也可以寫一封信給自己的故事，讚美它，因為它教導了你某些課題。同時向它表明，你決定走出限制，改變你和它之間的關係。

最終，我們還是要面對自己的情緒，因為我一直懷疑人的情緒是製造故事的「元凶」。至於如何面對情緒，那就要學會更好地與自己的情緒共處了。與情緒相處的方式，跟和其他人、事、物相處一樣，就是全然地接受它、體驗它，不要想逃開。

＊──給親愛的你──＊

人的遭遇是配合我們需要的某種情緒而產生的，這是一種模式、習性。比方說，假如你常常有不被愛的感受，就寫下：「我看見自己在尋求不被愛的痛苦感受，我全心地接納這種感受，並且放下對它的需求。」這種東西，你愈是排斥，它愈不走，而且還會變得更強！所以你看見了之後，就要先接納它，然後告訴自己：「我不需要這種情緒，我要放下對它的需求。」

陰影效應

「陰影理論」方面最具權威的美國作家黛比・福特曾和另外兩位名作家合寫了一本書，叫作《陰影效應》。書出版的同時，她還發行了一部電影，非常精采，裡面有很多動人的細節，我看了以後感觸非常深。

「陰影」是什麼？我在《活出全新的自己》裡介紹過，並和大家分享了面對自己生命中的陰影的一些方法。陰影就是我們的性格、行為及習慣之中，自己不喜歡、不承認、不願擁有的部分，被我們壓到意識層面之下。而我們之所以不喜歡、不承認、不願擁有，是因為小時候家人、周遭的鄰居朋友及環境等都說我們沒有或不能擁有這些。

陰影並非都是壞的，有些人把自己好的那一面也壓制下去了，可能因為小時候父母告訴他不可以哭，意味著不要多愁善感，不要太關心別人（收起自己柔軟的心），或者父母笑他膽小，他就會應聲收起自己的勇氣。

如何發現自己的負面陰影呢？很簡單，你最討厭的那種人所擁有的特質，就是你的陰影。在《美國心玫瑰情》這部超級好看的電影當中，男主角的鄰居痛恨同性戀者。原來，他自己就是同性戀，向男主角表白之後被拒，竟然無法接受事實，而殺了男主角，真是非常可笑。這就是我們的陰影，常常在不恰當的時候出來掌控大局，破壞我們的人生。

那麼，要怎樣才能找到正面的陰影？你可以多觀察自己崇拜、仰慕的那些人的特質，他們有的，你都有，否則你不會看見。

許多人拒絕生命中的陰影，讓自己成為一個不健全的人，每天耗費很多能量去掩蓋、壓制自己不喜歡的部分，進而時不時地投射在周圍的人身上。

靈修這麼久，我覺得擁抱生命中的陰影其實是靈修之人最需要做的。我看見許多人靈修了很長一段時間，還是對金錢錙銖必較，或者道德上還有很多瑕疵，依然活得很不快樂。其實，這些都跟「不承認、不擁抱自己的陰影」有關。

那些強迫、壓制自身需求的人，那些把自己的陰影鎖在「地下室」的人，永遠無法獲得真正的自由和快樂，因為他們的生命缺失了一塊，有一部分永遠不見天日。黛比・福特年輕時就遇到不少問題，她一直不想做自己，老是把自我感覺不好的部分往下壓，不去面對。直到有一天，她因嗑藥過度昏睡在浴室的地板上，醒來之後，她知道自己必須徹底改變，否則這一生就毀了。

如果你的靈修走到一個瓶頸，覺得怎麼修了半天也沒有進步，那我可以跟你說（從我自身的經驗來看），這是你該好好看看自己的陰影、好好擁抱它的時候了。

我現在試著在生活中觀察自己批判的對象、觀察被壓制下去的那份不舒服的感覺究竟是什麼，並且去探究我批判的對象和讓我不舒服的感覺背後究竟是什麼在作祟，然後勇敢地面對、接受。我發現，當我不那麼用力地做好人，並試著不去爭取什麼事都要做到最好時，我會放鬆許多。此外，我也試著利用拜倫・凱蒂所說的「不尋求他人的愛、讚賞和認同」來隨時提醒自己、觀照自己。然後我發現，如此一來，我比較對得起自己，不再讓自己委曲求全了。而這麼做的時候，其實我的心態變得更健全，脾氣更好，對周圍的人也更友善了。這是一個良性循環的過程，希望更多的人可以走上這條路。

＊——給親愛的你——＊

夢是潛意識通往意識的橋梁，它當然有示警、指引的功能，還可以讓你宣洩情緒或展現被你壓抑的人格特質。生活中有許多看似簡單的事件，看起來好像無足輕重，可是都潛藏著一些訊息。比方說，你想從事某種行業，便去考執照，結果考試當天找不到准考證、交通堵塞等諸多不順利的事情接二連三地發生，就表示你的潛意識其實並不想走這條路。

人生究竟是怎麼一回事？

四十歲那一年，我很痛苦、很迷惘。

雖然我有個幸福美滿的家庭，工作也是人人稱羨的，而存款雖然不多，但我知道我們終究有一天會有足夠的錢過好日子，因為老公和我的能力都不錯。

但是那一年，我陷入抑鬱之中，覺得即使有一百萬美元放在我面前，我也會說：「要拿來做什麼？」

雖然當時我所有的財產離一百萬美元還差得遠呢！

我不知道自己是誰，也不知道我來到這個世界要做什麼、我的人生目的和意義何在。

我被逼到牆角，無處可退，太不開心了，只能開始向內尋找答案。

有人說：「我還在為五斗米折腰呢，哪像妳還有閒情逸致談靈性。」

我覺得，你可以繼續為五斗米折腰，辛苦且不快樂地工作，在這個物質世界求得溫飽，一輩子庸庸碌碌，茫然以終。或許因為很努力，你終究可以累積一些物質財富，但你的內在未必快樂。而且從我個人的觀點來看，這是本末倒置的做法。

因為，你其實可以走不同的路，從改變內在世界開始，讓你的外在變得更加美好。當你的內在改變時，外在環境不得不變，如此一來，你會雙贏。

我自己的經歷就是最佳見證。我走過的，你也可以；我做得到的，你也行，我們並無二致。

現在，我試著用有限的語言為大家解釋當年讓我非常困惑的問題：「我是誰」的答案，就像玫瑰花香一樣無法言傳。

如果硬要試著用語言描述的話，我可以說：「我知道我是身心靈的組合體，這是現在的我的模樣。」

但是，在我來到這個世界之前，我是誰？在我離開這個世界之後，誰是我？我不過是一個靈體，一個意識的存在。

尚未感受到自己的本來面目之前，你就像一個沒有聞過玫瑰花香的人，別人怎樣用言語形容給你聽，你所得到的也只是頭腦中的理解、知曉。唯有親身聞過之後，你才會一輩子忘不了。

人來到這個世界都有一定的科目要修，就像上大學一樣，是有固定學分要完成的。如果某一門科目被當掉，我就必須重修；如果本來一學期只要修四門課，我特別努力，修了六門，提早拿到學分，我當然可以提早畢業。

比方說，有些人的婚姻不幸福，那麼婚姻就是他要修的科目。原來命中注定可能要被當個三、四次才能過關，但這個人很努力，第二次就修過了，那他就可以放下婚姻這門功課。而金錢、事業、健康及親子關係等也都是這樣。

當然，人來到這個世界不僅僅是被動地修學分、學功課而已。我們都有特定的使命，而為了完成使命，每個人都帶著自己獨特的天賦出生。

如何找到自己獨特的天賦來完成使命呢？根據經驗，我認為有幾個方法可以一試：

第一，請仔細思考：你真心喜歡什麼？什麼是你擅長的？也許你會說，我喜歡的東西無法換飯吃，我得養家糊口，不得不做自己不喜歡的工作。這真是本末倒置。俗話說，行行出狀元，任何事情只要做得好，就會得到很好的報酬。即使你的興趣是養寵物、種花草，你也可以找到展露天賦、完成使命的契機。重點在於你能否把自己交給宇宙，是不是願意冒一些世俗認定的風險。

所以第二點就是要相信宇宙、相信生命。老天無條件地提供空氣和陽光給人類，也會同樣提供我們生活所需的一切事物。但我們忙著抓取自以為最好的東西，雙手塞得滿滿的，心裡充滿競爭、焦慮、嫉妒、恐懼等負面能量，結果老天想要給我們的驚喜被這些東西擋在門外排隊等候。所以，有時我們必須放手，將內心放空，讓老天來運作，這樣才有機會聽到自己內在的直覺和聲音。

第三，你可以想像自己臨終時刻躺在床上，那時你關注的焦點會是什麼？我想沒有人會說：「唉，當初我要是多賺個一百萬就好了。」或者「我要是多買一部車就好了。」、「我應該開一家公司，自己當老闆的。」

臨終躺臥床上時，你心裡所念所想的事物，就是你現在應該努力的方向。那也許會是：我為這個世界做了什麼？我愛的人是否平安快樂？我有沒有讓他們知道，並證明我愛他們？我這一生過得充不充實？我是否實現了自己的夢想？我有沒有善用並發揮老天給我的資源，讓自己和周遭的人、甚至更多人受益？

有一句話非常發人深省：「人活著的時候，彷彿自己永遠不會死；死的時候，又好像從沒活過。白活了！」

我何其幸運，因著自己愛與朋友分享好東西的熱情和天賦，得以將自身經歷拿出來與全世界的華人分享，並且感動、幫助了不少人。

最後讓我再說一句：「我做得到的，你也可以。」找出你的天賦，完成你的使命，讓自己不枉此生！

＊——給親愛的你——＊

我們追求的到底是什麼？什麼東西是世界上所有人都想要的？

錢——當然，誰不想要？

權力——顯然是很多人追求的目標！

啊，我們還要健康。

當然，除此之外，每個人都在追求愛和快樂。

走出心中的牢籠，自在解脫

在受害者牢籠裡待的時間愈長，就愈不開心；受害者情結愈少，你才會愈來愈快樂。如果此刻的你心情不好，我可以跟你打賭，你一定或多或少在這個牢籠裡打轉。

受害者牢籠厲害的地方在於，即使已經知道它的招數，而且知道愈在裡面「流浪」就愈不快樂，然而在意識上，我們還是常常看不出來。而且，我們的內心裡有無數個這樣的牢籠，也許今天你逃脫了這個，明天又進入了另外一個；好像掙脫出來了，其實是進入一個更大的牢籠裡而已。所以你必須時時小心，並體察自己的內在。

有一次，我去幫某位老師翻譯他後三天的課程。不巧的是，我當時又病了，而且是喉嚨痛（上一次我幫這位老師翻譯時講不出話來的情景又浮現眼前）。我很不開心，因為我一直認為無論做什麼事，只要努力就一定會有成果，但我的身體常常跟我作對。我花了不知道多少心思、精力、時間和金錢在它上面，可是我雖然看起來年輕，身體真的不錯，但常常精力不足，要做事的時候就生病。

這次，我受害的情緒達到最高點，覺得自己的身體真的對不起我。我平常不是當拯救者（不停地吃各種營養品、運動、按摩等），就是成為迫害者（埋怨自己的身體，厭惡它），但後來我發現，受害者牢籠的出口在哪裡呢？不在別處，就在受害者的情緒上。

就在擔任翻譯的前一天，我終於了解到自己在這方面一直處於受害者地位，卻渾然不覺。我受夠了，決定不再當受害者，而願意去面對因為身體不跟我合作而產生的沮喪、絕望、挫敗、無力感，並且跟它們和平共處。

結果，前一天發燒、頭痛的我，在隔天開始幫老師翻譯時，身體雖然不是特別舒服，頭暈暈的，視線模模糊糊，但是當我願意跟自己的負面情緒共處時，它們就不再是問題了。我的情緒好得很，非常開心。我決定不再扮演受害者角色，所以，不管我的身體怎麼樣，我都不受影響。

第一天的翻譯工作結束後，我回到房間，覺得喉嚨很痛，彷彿快要講不出話來了。我還是不受影響、不中計，但很真誠地跪下來祈禱，希望自己能順利地幫老師把剩下的兩天課程翻譯完。結果，第二天我的狀況就好多了；第三天，我完全恢復正常。

所以，再怎麼對抗都是沒有用的。當你臣服以後，情緒獲得了解放，你離開了牢籠，外面海闊天空！

不過這位老師說，他以前都是從小牢籠換到大牢籠，所以，我也一直在觀察自己有沒有進入另一個更大、更漂亮的牢籠裡。請注意，不管那個牢籠多大、多漂亮，都無法給你自由。我知道自己隨時還有機會「入獄」，所以會密切地觀察、提醒自己。

在這裡，我說的是我的身體，而妳的配偶，或是妳的工作、妳的孩子、妳的婆婆、妳的事業，都可能是讓妳「入獄」的原因。我之所以和大家分享我的心路歷程，是希望愈來愈多人能呼吸到自由的空氣。

給親愛的你

如果你從來沒吃過冰淇淋，會對冰淇淋有渴望嗎？你會想著冰淇淋而流口水嗎？愛、喜悅與和平是我們曾經擁有的，因此我們才會如此熱切地追尋它們。

你和耶穌的差別在於，你擁有很多

想知道自己是誰，其實最重要的是去除錯誤的認知。小時候父母告訴我，我的名字叫「張德芬」；長大了我是學生，開始擁有許多頭銜：演講比賽第一名、北一女校刊主編；後來則是台視新聞主播、家庭主婦、暢銷書作家等等。那麼，我到底是誰？從小到大，老師從來沒告訴過我們「我是誰」，但給了很多令人非常困惑的訊息。

針對「我是誰」這個問題，讓我來告訴你吧。你是神，你跟耶穌、佛陀沒有什麼不同，最大的差別在於你比耶穌、佛陀多擁有了很多東西。《遇見未知的自己》這本書就是教大家穿過層層迷霧，看見自己的本來面目。你的本來面目可能像太陽一樣，但現在雲層太厚了，把你團團圍住，你要穿越厚厚的雲層，才能看見自己的真面目。

「我是誰」這個問題，真的是要抽絲剝繭、自己去體會，才能找到答案。當你穿越重重迷霧，看清自己的本來面目時，那是難以用言語形容的。我自己也在這條路上一直探索，對於「我」是誰、「我」的本來面目是什麼，我愈來愈有自信能找到答案。

❋——給親愛的你——❋

一位有識之士說過，如果現在把人類所有的財富重新公平分配，不出幾年，所有人的財富狀態又會恢復現在這樣。所以，決定你此刻狀態的，不是外在遭遇，而是你內在意識層次的水準。

Part

3

好好愛自己了嗎？

學會聽懂身體的「吶喊」

如果你願意反觀自身，回到內在陪伴自己，做自己最好的朋友，你會發現你的內在空間變大了，內在力量增強了，而你的外在世界也會隨之改變。

會痛的不是愛

「會痛的不是愛」這句話是知見心理學創始人恰克博士說的。我一直在琢磨這句話：為什麼愛中一定有痛？如果用「會痛的不是愛」這個標準來衡量，人世間會有多少愛出局？

西班牙文中的「我愛你」，實際上是「我需要你」的意思。人之所以會去愛，是因為我們都有需求要被滿足，就好像心裡有個洞，需要人、事、物來填補一樣。有些人感覺不到那個空洞，只是一直不由自主地追求些什麼來滿足自己。可惜的是，所有外在的追求都無法填補你內在那個「洞」。

現在當我感受到那個空洞時，我會覺知到自己很不想一個人待著，總想做些什麼，也許是找個人說話，或者看本書、看部電影、上網溜達溜達，聽聽愛我的人說些好聽的話。但這些都不是我們的真愛，只是用來填補內心空洞的無效工具。

於是在感受到空虛的當下，我便去散步，跟自己相處，或是靜心打坐，好好地觀照自己，不再利用其他人、事、物來填補自己內在的空虛。

其實，你內在的空虛需要你自己去關注，外在的人、事、物都無法發揮作用（就算有作用也是暫時的）。它需要你帶著理解和愛去承認它、觀察它、安慰它，並且保證會永遠陪伴它。這裡的「它」就是我們內在那個從小到大沒有得到關注和愛的小孩。這是心理學層面。

在心靈層面，這個空洞來自我們與源頭的分裂，而這「分裂」其實是個幻象，是人類最大的迷思。

我們有太多次都以為那個讓人感到空虛的事物是外在的，因此一直往外徒勞無功地尋找。如果你願意反觀自身，回到內在陪伴自己，做自己最好的朋友，你會發現你的內在空間變大了，內在力量增強了，而你的外在世界也會隨之改變。

會痛的不是愛，所以，放下那個讓你痛的人吧！藉由這樣的修練，你會找回更多的自己。

給親愛的你

為什麼我們的腦筋總是走相同的路線？即使這條路讓人痛苦，我們也堅持走這條路是對的，從來沒有考慮往另一個方向走的可能性。這真是非常不理性啊！其實，人類並非理性的動物，而是受慣性和感覺引導，尤其是在沒有被喚醒以前。

怎能輕易說愛？

很多人可以非常輕易地說出「愛」這個字，當然，也有很多人是說不出口的！那些新時代的靈修者，當然包括我自己，整天都在嘴上愛來愛去，聽了肉麻，看了心驚。我常常覺得很困惑，這個人明明在背後說我的壞話，或是做一些不利於我的事，甚至根本不在乎、不理會我真正想要的是什麼，那他怎麼能口口聲聲地說愛我？

拜倫・凱蒂看「愛」看得最透澈。她說，有一次她坐在一位快要離世的癌症朋友身邊守護她，結果朋友看著她說：「凱蒂，我愛妳！」

凱蒂搖搖頭說：「不，妳不能說妳愛我，除非妳能愛妳的癌症，否則妳不可能愛我。因為不管妳為什麼不喜歡自己的癌症，如果有一天我重複了那個原因，我就會像妳的癌症一樣被妳厭惡；我只要挑戰了妳的價值觀，對妳的要求說『不』，沒有滿足妳的期望和需求，妳就會停止愛我了。」

某位經常語出驚人的靈修大師甚至武斷地說：「當你說你愛一個人時，其實是對他最大的侮辱。你根本不了解真正的他，你愛的只是自己的投射——你心目中的他。要不然，下一刻當他不按照你的心意做事、說話時，你們怎麼可能一轉眼就成了仇人？」

多少相愛的情侶轉瞬即成陌路。那到底什麼是愛？我自己也愈來愈困惑。在這個二元對立的世界，好像任何事物都有對立面，所以人世間應該沒有純粹的、無條件的愛。但我們也發現有些人真的非常癡情，無論對方做了什麼，他們都癡癡地愛著對方。此外，我是個母親，知道自己對孩子的愛是沒有條件的，那種血肉之親沒有任何事物可以抹殺。

我還發現，很多男女之間的癡纏愛戀好像上癮症，並不是真正的愛。這種癡迷的愛情其實隱含了需要你去面對的人生功課，除非你在這個人身上學會了自己該學的功課，然後還是決定繼續愛他，那就表示你倆之間有著真愛。如果只是無法克制的情欲，那麼，這段感情只是你要學習的功課，愈是致命的吸引力，愈是有重大的課題隱藏其中。

祝天下癡情男女都能學會自己的人生功課，找到真愛。不要相信所謂的靈魂伴侶、雙生火焰，好像某個人的出現會拯救你於孤單無依之中。這是童話故事，不是真相。即使有靈魂伴侶和雙生火焰存在，這個人也是來考驗你、來教你人生常識，和你共同完成某些人生課題的。

我不希望大家覺得有所謂「另一半」存在，認為他就是我的真命天子，只要他一出現，我們的關係就一定沒問題，我和他會從此過著幸福快樂的生活。「靈魂伴侶」的觀念可能會誤導某些人，讓他們覺得「只要我的『他』出現，我就會快樂無憂」，或是「除了他，我就沒有別人了」。沒有這樣的人與事，沒有所謂「那一個人」，但的確有與你比較匹配的人，不過碰上的時候，你還是要做很多功課，因為沒有人是完美無缺地為你準備好的。

拜倫．凱蒂說：「你最需要的老師，就是你必須和他同處一個屋簷下的人。」人生所有的不順利，都是磨練心智的種種考驗。我們必須拿出一些內在力量來面對，而不是躲在愛情、事業和金錢的追逐之中。

＊——給親愛的你——＊

我們所做的每一件事，都是基於感覺而進行的，方法也許各不相同，甚至很多是有害的、錯誤的，但目的都一致：希望讓自己感覺好一點。

我們都是巴士上的小丑

「學習真實人類所知道的煉金術——當你接受你被給予的困難時，門就會敞開。」這是我最喜歡的波斯詩人魯米說過的一句話。

魯米不僅是詩人，還是一位神秘學家、心靈導師。他在自己的詩作和一些評論中，一再提到「公開的秘密」，也就是「每個人都想隱藏陰暗的自我」。這在《破碎重生》一書中有詳細的描述，作者伊莉莎白・萊瑟引用她好友的話說：「我們都是巴士上的小丑，所以不妨放鬆自己，享受這趟旅程。」

我們總覺得別人過得比自己好，總覺得別人看起來好像都很快樂。就像我，我知道在很多人心目中，我是那種「have it all」（擁有一切）的女人，但我真的不一定過得比路人甲快樂多少。我常常在美麗舒適的家中感嘆，金錢和外在的物質，甚至至親情、友情、愛情，都不能保證你的快樂和喜悅。真正的喜悅來自內在，是自發的、無由的，不依靠任何條件，而這是每個人的天賦和本性。我們來到地球上，就是要學習如何在這個二元對立、物質實相、頻率低、濃重稠密的星球上，找回自己的本來面目。

我，還沒到達目的地呢！所以我也有很多煩惱，尤其是每個月的經前症候群，讓我情緒低落或脾氣火爆。以前我會十分自責，覺得自己在這條路上走了那麼久，怎麼還是這副德行？為什麼還沒開悟？現在我比較能接受了，因為我們都是巴士上的小丑，每個人都有缺陷、都有遺憾與不足，所以不要羨慕別人，更不要自卑自怨、自哀自憐。

開悟不是努力就可以達到的，也無法讓人從此高枕無憂。靈性成長只是讓你更了解自己，在人生旅途中觀看事物和風景時，能看得更清楚、更有深度。它不是萬靈丹，無法解決你所有的問題。就像魯米說的，每個人都要學習接受你被給予的困難，然後門就會為你敞開；進了大門之後，再看看裡面有什麼樣的風光！

❋—給親愛的你—❋

「認識自己」是我們這一生最重要的功課。如果能真正認識自己，就能改變自己的命運。

對愛的渴望

我們對愛的渴望其實是對真正的自己的渴望。

我們期待找到真正的自己，回到天家，體驗那種合一溫馨的感受。

當我經歷失落的痛苦時，會把它當成對天家、對找回自己的渴望。

我會在內心祈禱，祈禱我能和真正的自己相遇，在這個地球上找到天家的感覺。

這與他人無關。

如果我祈求得夠虔誠、夠有信心，老天一定會回應我、祝福我，讓我達成心願。這比求一個人來愛你可靠得多。

我必須讓內心安靜下來，傾聽自己內在的聲音，那是老天回應我的方式。

我要找到自己內心的力量，安定在此刻、此地。

讓痛苦帶我回家。

親愛的，

我真希望你能看見自己的美麗和力量，

你有無比強大的勇氣和內在力量，你可以穿越這些痛苦。

所有發生的事情都只是你生命中的「過客」和你的功課，你可以超越的。

這一切都會過去。

你會完成自己的使命和承諾，找到回家的路。

揭開了幻象之幕，你會發現自己原來還是安坐天家，哪裡也沒去。

你現在體會到的痛也是短暫的幻象，都會過去的。相信我，都會過去。

深入去探究那份痛底下究竟是什麼，那是開啟你人生最大秘密寶藏的「鑰匙」。

利用它為你揭開真相。

❋——給親愛的你——❋

我們無從控制腦袋裡的思想，只能藉由觀察它、檢視它來轉移。看見思想的同時，你就切斷了與它的認同。如果你繼而檢視它的真實性，你會發現，我們百分之九十的思想都是不正確的。而當你不再盲目聽從腦袋裡的聲音時，就是它可以止息的時候了。

好好愛自己了嗎？

「世界末日」現在是一個熱門又敏感的詞。很多人都在想，人類是不是真的會面臨那樣的一天？

許多科學家、天文學家和神秘學家都在談論「世界末日」這個話題，認為地球會發生很大的地殼變動，南北極的磁場會倒轉，就像當年恐龍絕跡一樣，會出現一個驚天動地的變化。

到底有沒有？

我個人覺得很難說有，也很難說沒有。我們看過很多預言世界末日來臨的事件，結果都是虛驚一場。但是不是就能掉以輕心呢？地球暖化是眾所周知的現象，人類就像癌細胞一樣，不斷侵蝕它的宿主。癌細胞和它的宿主（人的身體）最後同歸於盡，那麼，人類和我們的宿主地球，會不會有一天也同歸於盡？

很多科學報導都提到人類的文明如何倒行逆施，地球上的資源如何被我們破壞揮霍，北極的冰層很快就要化光了，而大家每天卻好像沒事一樣繼續生活，為一些雞毛蒜皮的小事發愁，彷彿在遙遠的北極冰原發生的事情與我們毫無關係。

世界末日的預言是真是假，我覺得不重要。若世界末日來臨，我該走就會走，該留就會留，一點也不在乎。如果我心愛的人都不在了，一人獨留世上又有什麼意思？我並不貪戀我的生命、我的財富和享受，對我而言，重要的是：我來到這個世界的使命完成了沒有？我是否把老天賜給我的天賦發揮到最利人利己的地步？我有沒有好好地度過每一刻？我有沒有好好地對待我愛的人和愛我的人？更重要的是，我有沒有好好地對待自己？

如果明天我就要離開這個世界了，我對得起自己嗎？

所以，我的感受就是：

一、不要把話憋在心裡。請讓你愛的人知道你愛他，告訴他，你很後悔傷害了他；告訴他，你多麼感激他出現在你的生命中。把每一次見面都當成最後一次那樣珍惜，把每一天都當成最後一天那樣認真地度過。

二、放過無關緊要的人和事。其實對人類來說，每一個明天都可能是我們的世界末日。也許明天會突然發生一些事情，讓我們失去一切；也許明天我們就會失去最愛的人；也許明天我們就會離開這個世界。誰知道呢？

所以，何必跟那些不太重要的人或事計較？那個人多跟你收了一點錢，你負擔得起，他既然需要就給他吧；那個人欠你一個人情，不需要他還了；那個人說你不好、誤解你，但也許明天他就不在，或是你就不在了，值得花力氣和時間去計較嗎？

三、即使明天就是世界末日，我今天還是努力把該做的事情做好，不會有任何瘋狂的舉動或散盡家產。日子該怎麼過就怎麼過，最重要的是確保自己每天都過得充實、快樂。

四、對於地球的困境，我們究竟能做些什麼？最簡單的就是少吃肉。畜牧業是造成地球污染的最大因素，而且肉食本身對人的身體也不好，但我們都習慣了享受肉食。所以奉勸大家，有意識地少吃點肉就好了。為了地球、為了自己的身體，少一點口腹之欲是值得的。

我們需要想一想，每天這樣過日子對地球有沒有幫助？我們是否應該繼續渾渾噩噩地像癌細胞一樣侵蝕自己的宿主？

我覺得自己沒有白活，我很滿足了。如果老天爺明天要帶我走，我也沒有任何遺憾——帶著這種心情過日子，你會覺得每一天都是撿來的。我曾跟那些想自殺的人說：「反正爛命一條你都不要了，不如留著為其他人做些事情。一定有比你更悲慘的人，找到他們，為他們做點事，總比把這條爛命丟了好。」

好好生活！

＊——給親愛的你——＊

科技的進步、文明的發展、對物質的過度追求，都讓人失去純真的本心，整天只為滿足私欲而汲汲營營地生活。

別人都是為你而來

什麼是投射？這是心理學很流行的名詞。

「投射」指的是，我身上、我內在有的一些特質（小氣、嫉妒、懶惰、不守信等等），我不承認，或是被我壓抑了，也有可能是我其實很排斥這些特質，於是「故意」看不見它們，但我可以輕易在別人身上看到，然後，我會起反應，並予以譴責。

舉例來說，我曾經夢到某個人，後來我的老師在幫我解夢時就問：「你覺得他有什麼特質？」我說：「我覺得他是一個陰險、卑鄙的小人，自私、貪婪。」

我真的很不喜歡他，就連看到他的相片都會由衷生出一股厭惡感，他的眼神尤其令我不舒服。

沒想到老師說：「這些都是妳具備的特質，也就是妳的陰影。妳把它們投射在他身上，所以才會這麼討厭他。」

我怎麼可能是個陰險、卑鄙的小人呢？自私、貪婪更是我在自己身上最看不見的特質。小時候我母親就不斷對我耳提面命：「不可以變成一個陰險、卑鄙的人。自私和貪婪都是很不好的。」因此，我從小就決心一定不要變成這樣的人。

其實，每個人都代表一幅太極圖：一半黑，一半白。我們一直被教導要活出白色的那一面，黑色那一面就被壓制下去了。然而，我們生活在一個二元對立的世界，有黑有白，有高有低，缺了一面，另一面就不可能存在。

刻意壓制黑色那一面的結果，就是會為自己在外面的世界中樹立很多「敵人」，而且不可能徹底接納真實的自己。你的能量有很大一部分會被抽調去遮蓋、閃躲和壓制那個你不想看見、不願接納的自己（它就是你的陰影或黑暗面）。但是，當你全然接納真實的自己時，所有的特質都會在正面的光明中被轉化。

另外一種情形是，如果你看某人的行為很不順眼，例如他說謊騙人、誤解別人還理直氣壯，或是欺善怕惡等，你會批判他。如果你特別痛恨這些行為，就表示你也曾經這樣做過。雖然表面上你沒有覺察到，但某個部分的你是心知肚明的，因此那份對自己的譴責就會加大力道地轉向別人。

所以，下次你因為討厭某人而用一些不好的言詞盡情批評對方時，可要小心了，你說的都是自己。

那麼，該如何接納真實的自己呢？最簡單、最快速的方法就是寬恕。藉由寬恕自己不喜歡的人、接受別人的過錯，來原諒、接納自己。所以，靈修的人常常說，你周圍的人都是為你而來的。其實，他們扮演了兩個角色：一個是鏡子，讓你看見你不想見到的自己；另外一個角色就是老師，讓你學會你的人生功課，其中最常見的功課就是寬恕。如果沒有人需要你寬恕，你是學不會這門功課的。

❋——給親愛的你——❋

無論是拯救者或迫害者，你想要拯救或怪罪對方的那個部分，都是你自己擁有但不願意看見的——而且是你身為受害者才會感受到的。從受害者的脆弱情結出發，去接納、去整合，才是逃脫受害者牢籠的唯一出路。

別人身上的美好，其實你也擁有

我在前一篇文章談到了「陰影投射」，還有一種相反的現象叫「黃金投射」，這又是什麼呢？舉例而言，很多讀者對我說：「德芬，妳好有氣質，妳好恬靜、好高雅、好有靈性，我真想像不出妳會生氣、甚至會想揍妳老公呢！」這就是「黃金投射」的表現。

「黃金投射」指的就是，你在別人身上看見的美好特質，其實你自己也擁有，只是你從小沒有去發掘、連結、活出這些美好的特質，便以為自己沒有。事實上，你在別人身上看到的東西，你自己一定都有。

所以，不要羨慕別人！當你看到別人有你很喜歡的特質時，試著在自己身上尋找、開發、滋養同樣的特質。欣賞別人的特質，不但可以幫助你看見自己的這些特質，同時也讓你內在隱藏的特質逐漸閃耀，對你的生命產生更大的影響。

大家還記得蘇東坡和佛印的故事嗎？有一次，蘇東坡問佛印：「你看我像什麼？」

佛印說：「像尊佛！」

蘇東坡好得意，笑著說：「我看你像大便。」他覺得這一回他贏了！只見佛印和尚不疾不徐地回答：「你心中有什麼，看對方就像什麼。」蘇東坡這一回又輸了。

總而言之，外面沒有別人，一切都是我們的投射。所以，修好自己真的非常重要！

❋——給親愛的你——❋

我們從小就被灌輸「你必須很能幹」的思想，凡是不被允許的那些特質，都被我們壓制在潛意識裡，但它們不會因為我們不承認其存在就消失了！那些被壓制下去的陰影，以及從小到大因為不被父母和環境認同所產生的各種情緒，都是沒有釋放的能量，儲存在我們的細胞記憶裡。它們不時會浮上表面，對我們造成困擾。於是，我們就發展出許多策略來逃避這些蠢蠢欲動的不安和浮躁、突如其來的暴怒和莫名的憂傷，以及腦海裡喋喋不休的「你不夠好」、「你是錯的」、「你不如別人」、「你不夠完美」的緊箍咒。

停止做上帝

我發現，放下和臣服其實很簡單，就是停止做上帝。

這並不是要你放手不幹，什麼都不管，而是在緊要關頭，你能否放手讓自然的力量掌控，而且在所求不遂時，你能否臣服，願意接受生命本身的自然律動？

做上帝有很多層面。上帝的第一個角色，就是想拯救別人。

這是靈修之人最常做的事。學了靈性的一點皮毛，發現了一些人生道理，就迫不及待地遍告諸親友，想要讓大家知道，他們可以過得更好（這其中就隱含了「這些人現在過得不好」的假設）。這種行為本身沒有什麼錯誤，但會影響我們自己的心靈成長。一方面，如果你把其他人都看成受害者，是需要拯救、改善的人，那你就是在製造受害者，就會聚焦於他人的不足、不美好，而擴大那些點。然後，觀察者影響被觀察者，所以你的親人、朋友、同事就必須展現他們需要被拯救的那一面給你看。

而另一方面，這種行為是在滿足小我的欲望，覺得自己高人一等，藉由幫助別人來逃避自己的心理問題，藉由幫助別人來滿足自己的優越感。這對我們的意識提升也沒有什麼好處。

當然，我並不是說你不能幫助別人，不能和其他人分享靈性成長的心得，而是說當你這麼做時，你是否很清楚地知道自己只是在分享經驗，沒有任何優越感或要對方改變的前提在其中？這就像姜太公釣魚一樣，願者上鉤，需要你分享的人，自然會因此得益；不需要的人會把你的話當耳邊風，而你一點也不會在意。

上帝的第二個角色是自認為聖潔、道德高尚，所以會去批判那些不是同等神聖的人。

我印象最深刻的是耶穌的一個教導。有人抓了一個妓女到耶穌面前，說這個女人是罪人，大家要按慣例用石頭砸死她，並徵詢耶穌的意見。耶穌當時蹲在地上畫字，頭也不抬地說：「你們當中有哪個人沒犯過罪的，就可以丟石頭打她。」結果周圍的人一一離去，只剩下那個女人。

每當我指責別人時，心裡都有個小小的聲音在說：「其實，他有的妳都有，只是程度不同而已。」這個聲音說得沒錯。我們在別人身上看見的一切，或多或少都在自己身上有所體現，這就是我們看得見的原因。

所以，放棄做一個批判、論斷的神吧。你可以有鑑別力，知道事物當下的狀態，但不必為它們貼上標籤。如果有人要騙你的錢，你知道他是騙子，可以不上當，但不需要批判他。批判和鑑別力的差別在於，批判會產生一些情緒，也許是負面的，如憎恨、厭惡、恐懼、不屑等，但也可能是沾沾自喜，批評別人之後覺得自己優越，小我因而感到滿足。

上帝的第三個角色就是要求所有事物按照自己規定的時間及喜歡的方式發生、發展，或是要求周圍的人按照自己想要的方式做事。

你埋怨交通阻塞，就是想充當上帝；妳埋怨老公工作過度、應酬太多，想要改變他，就是想充當上帝。只要你對周圍發生的事情不滿意，想去改變，都是在充當上帝。因為所發生的一切其實都是上帝（老天）的旨意，否則不會發生；而事情發生之後，你去抗拒、對抗它，就是自以為是上帝，或是想跟上帝抗衡。當你用各種方法去操控、駕馭、玩弄別人時，就是在扮演上帝的角色，不管這個「別人」是你的孩子、配偶，還是父母。

當然，這不是說我們不能宣導環保、尊師重道、遵守國家法規和交通規則等好的觀念，但不需要有一種自以為是的道德優越感在裡面。出發點是「我是對的，要糾正、打擊你們那些錯誤的觀念」，或是「我希望看到一個更美、更有秩序的地球，所以要做這些事」，這兩者背後的動力大不相同，雖然做的事情可能一樣。

愛因斯坦說，瘋狂的定義就是用相同的方法做同樣的事，卻期待出現不同的結果。我想，如果大家同意這個定義，那絕大多數人都是瘋狂的——總是不停地和周圍的人、事、物奮戰，試圖改變他們，好隨順我們的意思。

看出這一點之後，我們可以稍微休息一下，把上帝的角色還給上帝，我們就順著生命之流走，帶著特定意圖朝自己想要的方向前進。如果一陣大風吹來，把我們帶到不同的道路上，我們可以試著調整自己的目標，繼續前進。生命是流動的，生活在其中應該毫不費力，就像被河流撐托著往下游漂浮一般。會阻礙、堵塞生命之流的，是我們的掙扎和努力。

有人說，知道自己想要什麼很重要，但我們到底要的是什麼，會隨著時間而改變，所以不如順著生命之流走吧，一切都有最好的安排！

親愛的朋友，請放棄做上帝吧。如果你看見自己在扮演上帝的角色，要隨時告訴自己：「我不需要這麼做。」

拜倫・凱蒂說過一句話，我很喜歡。她對那些自以為是的人說：「有了你，我們還需要上帝嗎？」

也有人說，上帝聽過最好笑的一句話就是：「這個人明天有個計畫！」

計畫、計畫，計畫永遠趕不上變化。人再怎麼計畫，也趕不上老天的變化。

活得那麼累幹什麼？放手吧！臣服吧！我們不過是舞步，生命才是舞者！

讓生命自己跳舞吧！

給親愛的你

臣服的好處就是，當你接納了當下，不徒然浪費力氣去抗爭時，事情往往會出現意想不到的轉機，然後你才發現原來的掙扎真是白費力氣。而且，正因為你把能量充分聚焦於眼前的事物上，有時你會發現有更好的解決之道來幫助你脫離現下的困境或你不喜歡的情境。所以，破解情緒障礙之道，最重要的就是臣服。

P.Y.

給自己一個表達憤怒的機會

很多人都有這樣的感覺：生氣或很鬱悶的時候，我們都知道應該如何應對，但就是做不到，心裡百般不願意——為什麼我非得接受？

其實，情緒上來的時候，如果試著跟它在一起，它就會這樣過去了；但是，當情緒觸動你的「地雷」時，如果用其他方式躲避，就會把它壓抑下去了。

我舉個例子：有一位女士對《回到當下的旅程》的作者李耳納說她永遠沒辦法取悅自己的父親，儘管試遍各種方式，父親還是不滿意。

李耳納便問她：「是嗎？妳確定妳都嘗試過了？」

她答道：「對，我都試過了，都沒辦法。我甚至去取悅我生命中的所有男人，但沒有一個滿意的。」

她說著說著就哭了，但李耳納一點都不同情，說道：「妳想一想，當妳討好一個男人這麼久，而他始終沒辦法被妳取悅時，妳該對他說什麼？」

那位女士回答：「我永遠沒辦法取悅你，我都嘗試過了。」

李耳納無奈地說：「不對，不是這樣說的。好吧，我給妳一個提示：對他說兩個字。」

那位女士終於想到了，就是「滾蛋」。

如果你永遠無法取悅對方，那就叫他滾蛋，然後做回你自己。另外，如果你真的有怒氣，就必須允許自己表達出來，你也有權利表達。其實需要表達的不是你，而是被你從小壓抑到大的怒氣，它有權利表達自己，可是因為環境不允許，它便一直被壓抑著。但怒氣是你的一部分，它被壓抑在你心裡這麼久了，絕對有權利出現，你也有義務讓它流露出來。

當你真的淋漓盡致地宣洩憤怒時，你會發現那時的自己特別舒服。但是，你要用負責任的方式來表達怒氣。

例如，妳可以對老公或親人說：「當我在房間裡又哭又叫又摔東西時，你不必進來，我不要你的安慰，因為我只是需要一個可以讓我發洩的空間。」發洩完了之後，如果看見自己有罪惡感，妳必須承認、並擁抱那份罪惡感，而不要說「我很文雅，我很溫柔，我在靈修，我不可以罵髒話、發脾氣」。

真的，當你帶著愛、不去批判，並以負責任的方式允許自己的怒氣表達出來、發洩出來時，你就會覺得內心特別輕鬆、特別舒服。

——給親愛的你——

如果你能與自己的負面感受安然共處——例如願意接納自己的無價值感或脆弱無助的感覺——那麼你就會有足夠的內在力量，可以更有效地去順應你不喜歡的那些外在的人、事、物，而不會被困在受害者牢籠之中了。

建立內在力量，讓自己變強大

很多讀者寫信給我，述說自己的故事。有些人年紀輕輕就問：「活著是為了什麼？」有些人找不到自己，覺得很迷惘；還有些人面對生活中或人際關係上的種種問題，無所適從。

其實，人生所有的問題都源自一個關鍵：意識狀態。我曾打過一個比方：花園裡有一隻老虎，如果你和牠在同一個樓層，你會覺得很害怕；如果你在二樓，恐懼會少一些，但還是有點怕；假如你的高度提升到七、八樓，那老虎對你來說就不是問題了。

同樣的，我們的問題之所以看起來好像很大，部分原因是因為我們自己很小。與其去和問題抗爭，或是想盡辦法縮小問題，不如讓自己變強大。

如果可以改善自己的意識狀態，你會更加看清自己、看清所有的人際關係和問題。到時候，這些生命難題就會變成只是需要你去處理的事情，而不會讓你如此困擾、迷惑。在這種情況下，你的內在智慧會油然而生，不需要求助於人。

那什麼叫作「意識狀態」？這其實就是你對周遭人、事、物的反應和回應方式，以及你看待事物的觀點和領略真相的功力。

要想提升自己的意識狀態，第一步就是要積累內在的力量。其實，真正的功夫還是在於我常說的「觀察自己」，但我發現，雖然我一直大聲疾呼「觀察自己」的重要性，但沒有內在力量的人連觀察自己的能力都沒有。

於是我想了很久，決定試著從另一個角度來解決這個問題。如果我們嘗試建立自己的內在力量，就會有足夠的「內力」來修練並面對人生的難題。

那麼，該如何建立內在力量呢？我試著從身、心、靈三方面來闡述。首先，「身」指的是物質世界，也就是眼睛看得見的東西；「心」指的是情緒、思想和我們內在世界的活動；「靈」則是靈性，而靈體就是我們出生之前和死亡之後的狀態。

身心與靈之間的關係，就像物體與空間。我們看不見、摸不著，有時甚至感受不到靈，就像我們摸不著也看不見空間一樣。但是，沒有空間，就不可能有物體的存在；而沒有了靈，身心也無所適從。所以，當我們死亡時，身心俱滅，靈卻不會消失。

要建立內在力量，必須關注自己的靈性，關注那個無形的內在世界。如果始終認同於自己外在的形相，在這個物質世界中汲汲營營，那你的人生顯然是失調的，因為你錯失了生命中重要的另一半——無形的靈性世界。

要怎樣才叫作關注自己的靈性世界呢？我列舉了一些實際可行的方法，希望在痛苦中掙扎、生活中充滿困惑的朋友們能夠切實地選一、兩個來做，一段時間（最好是二十一天）以後，你一定會發現生命有所改變。

一、多在生活中尋找和接觸能觸動你心弦的人、事、物。比方說，有人喜歡音樂，在聆聽美妙的音樂時，整個人會進入喜悅忘我的狀態，這就是很好的方法。另外，你也可以試著每天清晨去公園裡散步，或是平常多抽出一點時間和孩子及寵物一同玩耍、讀一本震撼你的好書等等。無論做些什麼，只要能讓你的內在感受到那種由衷散發出來的喜悅情緒都行。你不妨將可以讓你有那種感覺的事物列出來，然後每天抽出一段時間去享受它們。

二、練習隨時隨地讚美和感恩的技巧。去餐館吃飯時，如果看到服務生的笑容特別可愛，可以在心中讚美他（說出來當然更好），然後感恩自己能夠看到這樣的笑容；走在路上時，如果發現住家附近又整理出一塊綠地、種上了花草，可以為此感謝公家機關；如果今天搭公車特別順利、陽光特別美麗、衣服穿得特別好看……盡情地在生活中尋找可以讓你感恩和讚美的事物，而且要隨時隨地這麼做，尤其是等待的時候。與其不耐煩地等候，不如找些東西來感謝和讚美。試試看吧！

三、只要想起來，就關注自己的呼吸。覺知你的呼吸，體會空氣進出身體的感覺，注意呼吸時你的胸部和腹部如何微微地擴張和收縮。一個有覺知的呼吸就足以讓你在一波接一波的思想續流中創造一些空間，每天試著多做幾次（當然愈多愈好），就是把靈性空間帶入忙碌生活中的絕佳妙方。

即使每天靜下來呼吸、靜心兩個多小時，如果不帶著覺知去做，那等於沒做；假如進入一個充滿覺知的寧靜狀態，那你僅僅需要覺察到一個呼吸（你一次也只能覺察到一個）就夠了，其餘的都是記憶或期待，也就是思想。呼吸並不是你在

「做」的事情，而是自然發生，是身體的智慧在做的。你只須目睹它的發生，不必緊張或費力。同時，你要注意呼吸中的暫停時段，尤其是呼氣終了、準備開始吸氣那個定靜點。

四、隨時隨地覺察自己的內在身體，也是一個培養內在力量的好方法。該如何覺察內在的身體呢？最簡單的就是閉上眼睛，然後感受一下自己的雙手是否存在。你怎麼知道它們存在？那就是內在身體的感受了。有些人會覺得手上麻麻的，那就是所謂的活力、生命力。

做兩、三次有意識的呼吸，看看你能否探測出細微的活力感，這種活力是充滿你整個內在身體的。或者我換個問法：你能從內在感受到自己的身體嗎？你能感受到腹部、胸部、頸部和頭部嗎？嘴唇呢？短暫地感受一下身體各個部位，例如你的手、手臂、腳和腿，它們之中有生命嗎？然後再試著感受一下整個內在身體。

剛開始練習時也許要閉上眼睛，等你能夠感受到自己的內在身體之後，再睜開眼睛、環顧四周，同時繼續感受你的身體。

記住，百分之九十五以上的痛苦都是我們自己製造的，其中百分之九十五又是我們的思想製造出來的。所以，下次當你又在胡思亂想、製造痛苦和情緒垃圾時，就做做上面的練習吧！累積一段時日之後，你的人生就會有所轉變，不必再求助於人了。你自己心裡會很清楚該怎麼做、該如何生活，因為，每個人都是自己最好的老師！

❋——給親愛的你——❋

告訴自己，不舒服的經歷是一條讓你更加了解自己的必經之路。它沒有對錯，所以你不必抗拒或否認。它出現的目的是要幫助你成長，讓你知道自己真正是誰，而不是來找碴的。

覺照的光慢慢融化冰山

關於「命運」，我想說的是，每個沉睡中的人都有一個既定的命運；而當我們覺醒時，這個命運就會完全消失。

其實，每個人的內心都有很多陰影——「我媽媽在生我之前墮過胎」啦，「我外公有外遇，所以他的大老婆自殺」啦……每個家族裡都有很多這樣的事，這些事情一開始就影響了我們，所以每個人的內心從小就累積了很多負面情緒。

這些負面情緒就像一座冰山，積壓在心裡，時不時就冒出來，不是刺到自己，就是刺傷別人。打壓，只會讓它露出來的角變得更大；轉移，它的體積還是不會變小。過一陣子，當你遇上別的事情，負面情緒又冒出頭來，這樣怎麼清理得完？

最好的方法就是與負面情緒同在，不去打壓、轉移，而是與它安然共處，不做任何事，只是觀照它，如此一來，冰山露出來的角就會被覺照的光慢慢融化。接著，冰山又沉潛下去，但依然存在，只是少了一個角。過一陣子，發生了別的事情，它的另一個角又冒出來，你還是用這個方法去觀照它，於是這個角又會逐漸融化……如此不斷操練，你會發現冰山對你的影響愈來愈小。

而且，量累積到一定程度是會發生質變的。有一天你會發現，本來無一物，所謂的負面情緒，不過是一些沒有意義的能量來去。到時候，冰山「轟」地一聲就瓦解了，你發現這一切不過是幻象，是我們創造出來的遊戲而已。

❋——給親愛的你——❋

如果你不斷重複做某件事，從生理學方面來說，某些神經細胞之間就會建立長期且固定的關係。比方說，如果你每天都很生氣、感到挫折，每天都很悲慘痛苦，那麼，你就是每天都在重複地為那張神經網路連結和整合，這就變成了你的一個情緒模式。

負責任地表達自己的情緒

平時，我們運用各種不同的策略來逃避被壓抑的情緒和不良的感受，而在生活中，其實有一個觀察者隨時在觀察我們的喜怒哀樂，只是我們常常把它忽略了。

在這裡，我要教大家一個很實用的方法，就是找個對象去坦承、去告解。而生活中最好的告解對象，是植物、藍天、白雲。

例如，看見一朵雲飄過時，你可以說：「雲啊，你知道嗎？剛才我看到那個女人跟我老公說話，燃起了熊熊妒火，很憤怒。白雲啊，我現在告訴你，我承認自己是個有嫉妒之心的人……」

你甚至不必接受自己會嫉妒這個事實，只要「看見」就好，因為嫉妒是在潛意識裡運行的，把它帶到意識表面就行了。所以，當你感受到不好的情緒時，要找個對象，例如一棵樹、一朵花，或是你信仰的神，然後向它們告解、坦白、承認，甚至去擁有你的情緒。

為什麼要說「擁有」？因為我們常常不去擁有自己內在的事物，不喜歡的東西都被我們打壓下去，結果那些都成了生活中的陰影，阻擋了我們回家的路。只有真正看見、接納那些內在的想法和自己不喜歡的事物，才能誠心地告解、承認、擁有，然後慢慢地，我們會發現自己不再跟自己拚命較勁了。

另外一個方法就是不要壓抑自己的情緒。要知道，你當下所有的情緒都不是眼前的某個人、某件事或某樣東西勾起的，而是在你內心裡壓抑了很久，甚至從兒時就開始累積，只是在這個時間點集中爆發了。

那麼，情緒上來了怎麼辦？不要壓抑，也不要選擇遺忘，遺忘其實治標不治本，表面上忘了，內心卻依然有很多東西沒有處理掉。你必須負責任地表達自己的情緒，不壓抑、不轉移、不自圓其說、不合理化，也不否認它，而是合理且負責任地將情緒表達出來。

舉個例子來說：某一天，你的心情本來就很糟糕，結果停車時發現以前老占你車位的那輛車又停在那裡了。

如果是「不負責任地表達」，你可能脾氣一下子就躥上來，先隔空亂罵一頓再說，或是把對方車子的車窗打破、輪胎刺破等。

而若是「負責任地表達」，你會先緩和一下自己的情緒，接著在一張紙條上寫下這麼一句話：「對不起，這裡是ＸＸ的專用停車位，麻煩你下次停在別的地方，好嗎？」然後把紙條貼在他的車窗上就走。接下來你會發現，他從此之後就沒再停「錯」過了。

❋——給親愛的你——❋

記住，每當生活出現問題，或是有負面情緒升起時，都是一個大好機會，可以幫助你進一步發掘舊傷，繼而讓你看到自己的真面目。

內在空間的力量會影響外在

這些年來，我走過的心靈成長之路可以總結為三個階段。

第一階段就是「喚醒沉睡中的你」。我覺得很多人雖然醒著，卻還在夢中。例如四十歲以前，我的人生模式就處於「自動化運作」的狀態，每天要做些什麼都已經有設定好的程式在安排，而我就像牽線木偶，完全喪失自我。所以第一步就是要喚醒沉睡中的你，你「睡」著了，我把你叫起來，讓你可以探出頭來，看看外面是什麼樣的世界，然後活出不一樣的人生。

第二階段則開始療傷，因為每個人生下來都會經歷過許多傷痛，這些傷痛會造成意識上的一些偏差，並成為我們某些行為的動機。

比方說，我基本上是個很難說「不」的人，每次別人求我，如果我說「不」，就會覺得很愧疚，彷彿對不起全天下的人。這份愧疚是從哪裡來的呢？我從小就覺得拯救母親是我的責任。我母親的命運沒有我這麼好，所以我小時候在一旁看著她流淚時，就在心裡對自己說要拯救她。但我老是拯救不了她，因為我那麼小，根本沒有力量，所以小時候我經常出現的情緒就是挫敗、自責和內疚。

帶著對母親的愧疚、帶著這份想拯救他人的欲望，我走入自己的人生，而這就造成了我對人常常懷有愧疚感——明明跟我無關的事，我卻會覺得不好意思。這種心態為我的生活帶來一些困擾，讓我變得不快樂，因為我根本沒必要做那些事，但愧疚感驅使我非做不可。

而且，很多時候人是被這種潛意識驅使著往前走的，這就會讓我們不快樂，因為我們不懂自己為什麼要這樣做。

我常常說，很多人都不是把快樂放在第一位，因為他們明明只要稍微改變一下生活習慣，或是性格、看法，就可以快樂起來，卻偏偏不這麼做，反而鑽在自己的牛角尖裡受苦，還理直氣壯。

到了第三階段，你可以隨心所欲地創造自己想要的人生，一步一步把你的內在力量收回來。如果有愧疚的心理、責怪人的欲望，或是抱怨的情緒，甚至想要報復，這些情緒和感受都會減弱你的內在力量。等你慢慢從中療癒、收回自己的內在力量時，就可以隨心所欲地玩人生遊戲了。

你可以試著想像一下：如果把人生看作一場遊戲，你要怎樣才能玩得更開心？若你能抱著輕鬆愉快的心情過日子，生活會更美好。

當下的狀態很重要。心情沉重，你的能量也隨之變得沉重，於是你就會引來跟你的沉重能量頻率相同的事物；如果心情愉快，你的振動頻率就會比較高，然後你會莫名其妙地碰到好事，輕易地解決一個又一個困難。

說到底，人生終歸是在追求一種感覺，你可以住在豪宅裡，每天錦衣玉食，卻可能很不快樂；假如你在精神上非常滿足，那麼不需要住豪宅，你也可以過得非常輕鬆愉快。

所以，如果想要做回自己的主人、想要找到那份自由自在的感覺，首先就要架構自己的內在世界，增強內在世界的力量。如果把部分的精力和時間用來修練自己的內在空間，你會發現報酬率完全不一樣，因為內在空間的力量會影響你的外在世界。

❋——給親愛的你——❋

在生活中，你會遭遇種種困難，這些困難和問題其實都是來幫助你了解自己的負面信念——也就是不利於你的潛意識動力——並希望你能在克服困難的過程中，重新取回自己被埋藏的力量。

P.Y.

Part 4

幸福的門一直敞開著

讓心頭的能量自然流動

如果可以不帶成見地迎接生命中的人、事、物，也許我們會因此發現更多的美好、更多的樂趣！

以遊戲的心情看待人生大夢

二〇一一年初，有一位國際知名的心靈導師在網站上發布公告，並且寄電子郵件給他的弟子們，要求住在太平洋沿岸的人在三天內撤離，以防海嘯等災難。

我那時剛好要回台灣，聽見這個消息，倒是一點也沒有想要更改行程。這種事情本來就很難說，而且每個人都明白，我們無法得知無常和明天哪一個會先到，所以我不會因為這樣的預言而改變自己的承諾。

但我想了想，如果此去真的回不來，我的人生是否有任何遺憾？最先「冒」上心頭的是我那兩個十幾歲的孩子。我心想，他們在這個年紀就失去母親，是早了一點，不過這也是他們的命運吧。第二個小小的遺憾可能就是我尚未修成正果，還沒有開悟、覺醒，沒有時時刻刻全然處於自己想要的喜悅、和平及愛的境界當中。

其實，每個人都有自己的業，也有共業。該走的人，在哪裡都會走；不該走的人，到哪裡都走不了。只要不追隨欲望，就不會受共業影響。

這個社會天天在煽動我們追求物質的種種享受，因為商人要做生意，必須鼓勵你消費，他們才有錢賺。所以，許多人認同自己是物質體，卻忘了我們其實是不生不滅的，而不是這一具肉體本身。如果你清楚地了解到這一點，就不會在意發生任何災難，因為你死不了；假如你的身體毀滅了，對你來說其實是種解脫。離開人世的時候，如果心裡有很多恐懼，那麼你就會為自己創造一個地獄，然後自行走進去；假如離開得自在祥和，浩然正氣會把你帶上天，做好事就會顯化出天堂，所以臨終時，內心的祥和很重要。如果你對這個世界還有依戀、執著，就會被牽引回來，再度光臨地球。

要想不去地獄，就別急於上天堂，因為這個世界是二元對立的。生命運作的原理，應該是你帶著出離心、離苦得樂的心態，以旁觀者的眼光來看這個世界。如此一來，雖然大家都沉在水裡，但那些沒有覺知的人是在掙扎，有覺知的旁觀者則是在游泳。

人生如夢，如果可以用遊戲人生的心態過日子，就會優游自在。比方說，你夢到自己從懸崖上掉下來，如果知道是在做夢，你就能擺動雙手，創造一雙翅膀；假如你不知道自己身在夢中，那麼這個夢境會讓你覺得無比恐怖。因此，如果能以遊戲心情看待這場人生大夢，就可以用心來轉化夢境。聖人做事用心，凡夫則用力。

如何才能知道自己的真面目？你必須放下自我、融化自我。我們好比大海裡的浮冰，堅固而迷茫，而且喜歡和別的浮冰互別苗頭，看誰比較厚、比較大塊；但是有一天，當我們化掉自我、回歸大海之際，就會知道原來我們都是一體的，都屬於同一片海洋，沒有分別。原來，所謂的「我」都是暫時的、虛假的。天上的雲，地上的水和河流，都是「我」，化身千百億個「我」。

能夠這樣生活，才得自在！

——給親愛的你——

每個人都是天天在演戲，天天扮演好員工、好朋友、好子女、好媳婦、好女婿、好父母，甚至好人！然而，其中有多少是我們心甘情願演出的？為了演好這些人生大戲的不同角色，所有人都要因地因時地戴上一些面具，難道這就是我們看不見真我的原因之一？

負面情緒不過是生命能量的自然流動

很多家庭暴力的施虐者，都是從小被父親痛揍著長大的。他們表面上或內心裡可能對父親的行為非常不齒，常信誓旦旦地對自己說：「我絕對不能像父親一樣使用暴力。」可是很不幸的，當他們成家之後，往往很快就會出現暴力行為。

隨著現代人對心靈學、心理學的理解愈來愈深，許多人很驚訝地發現，父母身上那些讓我們深惡痛絕的行為模式，竟然不知不覺被我們承襲了下來。這是為什麼？因為在我們小的時候，父母就是天，他們是那麼高大、全知、全能，而且有力量，所以我們會不自覺地以父母為榜樣。即使後來發現父母的行為往往不甚完美和理想，但我們潛意識裡已經自然地承襲了他們的行為模式。心理學家榮格曾經說過，你的意識層面不知道的，就會成為你的命運。

面對這種無奈的情況，有沒有什麼方法可以應付？很多人在發現自己竟然重複著父親那些令人不齒的行為時，都會非常羞愧，因此強自壓抑自己的感受，例如憤怒、悲傷、自卑等負面情緒。但情緒的能量無比強大，一旦壓抑到無法承受的地步，反彈的能量也會大到不可思議，讓人毫無招架之力。每一種偏差行為的背後一定有某種負面情緒在驅使，所以想要調整自己的行為，就要先擁抱自己的負面情緒，承認它們的存在。

以一個失控打人的丈夫為例，如果他在憤怒的情緒剛剛出現時就有所覺察，意識到自己想藉由暴力逃避自身感受，這時他可以安靜下來，成為旁觀者，觀察自己身體上的種種反應，例如拳頭握緊、心跳加速、呼吸加快、胸口緊繃等。要知道，這些負面情緒不過是一股強而有力的能量經過你的身體時所產生的自然反應，你不必害怕或逃避它們，只須靜靜地與它們相處一會兒，然後你會發覺，你不需要訴諸暴力，就可以讓這些情緒自然而然地流經你。

人都是習慣、慣性的奴隸，多數時候，我們都在無意識中選擇自己最熟悉、最方便的行為模式，來面對自己不喜歡的情緒，所以事後都會後悔，然後責怪自己。這樣對修正你的行為沒有什麼好處。

如果你在情緒剛出現時就有所警覺，請試著不要以慣性模式回應你的情緒，那麼你就能成為自己情緒的主人，就會跳出那個可怕的「遺傳」魔咒，獲得心靈的自由。

給親愛的你

憤怒、悲傷、焦慮、恐懼等情緒都是一種能量，尤其對孩子來說，某些天生的恐懼、所求不得的憤怒，以及失望落空的悲傷，都只是生命能量的自然流動而已，它會來，就一定會走。

誰能寫出玫瑰的芬芳？

誰能精準地描述香蕉的滋味？

誰能寫出玫瑰的芬芳？

人能使用的詞彙十分有限，尤其是在靈性世界裡。我的書、我的網站所描述的許多事物，例如真我、潛意識、意識、宇宙、聖靈等，都不是可以用語言表達出來的。

但對於吃不到香蕉、聞不到玫瑰花香的人來說，由於太過飢渴，所以會忍不住一直想問：「那是什麼滋味？」

所有的語言都相當於指向月亮的手指，但我們要看的是月亮，不是手指。

然而，若不經由手指，我們無從在浩瀚的天空中辨別月亮到底在哪裡。

最好的方法還是放下頭腦、放下理解的欲望，每天抽一點時間和自己在一起，在寂靜中與自己共處。

請在生活中尋找「神」（這裡的「神」也可以是「宇宙識」、「愛」、「聖靈」、「大我」、「真我」等）。

試著在路邊的小花、小草中，試著在每個孩子天真的微笑裡、情人相視的眼神中、穿過樹葉灑在草地上的陽光裡，以及幫助你的陌生人，甚至是為難你的人身上看見神。

當你心中有神的時候，祂無處不在。

當你心中沒有神，你眼中的世界就是不安全、充滿敵意的。

試著放下對語言和頭腦的探索吧，然後在心中那個寂靜的角落發現神。

祂一直在那裡，從來沒有離開你。

❋——給親愛的你——❋

我們的人生不是一下就能讀懂的，所以慢慢來吧，只要有信心，就一定能讀懂自己！

百分之九十以上的苦是沒必要受的

百分之九十以上的苦都是我們自己創造的，不知道大家同不同意。一路走來，我真的愈來愈接受這個觀點。

我最近終於悟出了一件事：我之所以走上靈修的道路，並不是因為我以前認為的我什麼都有了，在外面的世界已經找不到東西可以滿足我，所以轉而追求內在的世界。

真相是，我受苦的能力太差了。一旦陷入痛苦之中，我就想要逃跑、抗拒、壓抑，甚至將痛苦投射出去。所以，「靈修」後來變成我的護身符，如果把靈修拿走，我就失去人生的意義了。到處去上課、不停地讀書，表面上是在尋找真理，其實是在追求離苦之道，而這過程也變成一種逃避痛苦的工具。

那麼，靈修與不靈修有什麼差別？

差別當然是有的。以前我看到痛苦就逃避，現在可以安住其中，而且靈修學來的法寶的確可以減輕大部分痛苦（別忘了，百分之九十的痛苦是自找的）。最重要的是，我的覺知、覺察能力大大提升，所以，當我察覺到自己又不想面對痛苦、又在逃避時，我會帶著慈悲的觀照去體察那個情境。

我常常十分佩服那些很能「吃苦」的人。真是苦啊！他們扮演受害者角色居然可以扮演如此之久，而且樂在其中，不去想辦法脫離，只會不停地抱怨、不停地咒罵、不停地換工作、不停地換對象，有些人甚至連對象都不換，同樣一個人、一件事可以抓著好多年不放，儘管抱怨連連，依然停留在原地不動。對我來說，這種人的吃苦能力真是匪夷所思。

我在前面說過：「如果你用相同的方法做同樣的事，卻期待出現不同的結果，這就是瘋狂！」可是放眼望去，這真是一個瘋狂的世界，大家都想要改變別人、改變外境，就是從來不去想一想，也許把眼光收回來，稍稍改變一下自己，你的整個世界就改變了！

我周圍有許多朋友，甚至我的親人，都被困在這樣的情境之中，讓我很心疼。但我已經決定了，除非他們開口求助，否則我不會向他們「傳教」，因為人只有在吃夠了苦頭，願意脫離苦海，願意轉個念頭想想：「也許可以用另外一種方式看待這個世界，也許可以用另外一種方式生活。」否則是聽不進任何人說的話的。他們需要的就是有人可以傾聽他們的抱怨，當他們說「都是別人不好，都是別人的錯」時，你點頭就好！

有一次我去上瑜伽課，結果老師是個「菜鳥」。剛開始，我很不願意上她的課，因為我練瑜伽的時間比她久，做得比她好。不過，我現在對任何事都比較釋然了，所以到了瑜伽教室，發現是她要教課，也就欣然接受了。在練習的過程中，有個跳躍動作我老是做不好，這個老師便指出我的錯誤，對我說：「往前跳的時候，把頭抬起來，這樣既看到了前方的目標，又讓出空間，就會很好跳了！」我恍然大悟，原來卡了這麼久、總是做不好的一個動作，抬個頭就解決了！

其實，人生何嘗不是如此？許多卡在心裡的問題、許多無法度過的難關，就是因為我們羞於向人啟齒、求助，而自己在那裡硬撐著。如果願意提出來、擺上檯面，然後用一顆誠實勇敢的心去面對，很多問題就會迎刃而解。所以，許多靈性老師的功能就像那位瑜伽老師一樣，在一旁觀察你、提醒你。此時你才恍然大悟，明白自己這麼多年的苦都是白受的，你其實可以不用活得這麼辛苦，抬個頭就跳過去了，就這麼簡單！

❋——給親愛的你——❋

受苦有兩種，一種是無知、無明的受苦，就是任憑潛意識操控而受苦，並且抱怨、抗拒那份痛苦。這樣的受苦無法讓你成長。另外一種受苦是有覺知的受苦。當你感覺到撕裂般的痛楚、彷彿要爆炸似的憤怒時，你不逃避、不抱怨，而是全然地經歷它——讓壓抑、隱藏多年的能量爆發出來，以不批判、不抗拒的態度，在全然的愛和接納中經歷它。這樣的受苦，是你走出人生模式、茁壯成長的契機。

人生不過是一場遊戲

看過《楚門的世界》這部電影之後，我感慨萬千。

楚門是個孤兒，一出生就被別人設計好要參與一檔真人秀節目。他每天二十四小時都生活在攝影機的拍攝燈光下，內容不經剪輯，直接播放給全世界的人欣賞。所以，楚門的父母是假的，學校是假的，同學是假的，鄰居是假的。基本上，他生活在一個影城裡，這就是楚門的世界。

當然，楚門自己不這麼覺得，他認為他可以自由決定明天要幹什麼。他娶了一個自己不是很喜歡的女孩，但絕對是出於他的自由意志（至少他自己這麼認為）。然而有一天，一些蛛絲馬跡讓他開始懷疑，覺得自己的生活有很多地方非常詭異，最後他終於找出真相，走出影城，展開新生活。

其實，我們每個人的生活都像楚門一樣，是被安排好的。你可以說是命，在一定的範圍內，我們可以自己作主。比方說，楚門一早起來可以決定穿什麼衣服，不過走到街上會不會有鳥糞掉在他的衣服上，這件事就不是他能作主的；而鳥糞掉下來之後他會有什麼反應，他可以作主，但別人看到他會產生什麼樣的反應，他就作不了主了。

這個命，你可以說是老天定下來的，也可以說是每個人的真我在我們來到這個世界之前決定的。就像電腦程式一樣，如果沒有人為因素去干擾電腦的運行，它就會以某種模式永遠運作下去，你改變不了。

如果想要改變自己的命運，就必須看清楚自己現在生活的世界是否就像楚門的世界一樣，是一個幻象、一場遊戲。所以，改變的力量在你之內，在你內在的真我。關鍵就在於我們常常覺得自己是命運的受害者，無法找到內在的力量，去改變自己的人生程式。

這就是在人生大海中浮沉的眾生相，很不幸的，我也是其中一員。我知曉了真相，但還沒找到可以真正有所改變的竅門。對我而言，目前最管用的方法還是活在當下。放下心裡的故事、定靜在當下這一刻，至少你的情緒不會起伏太大。

那麼，要如何定靜在當下？很簡單，就是去注意自己目前正在做的事情。打字時，就全神貫注地打字；洗手時，就感受一下水溫。把注意力放在房間的溫度、座位的觸感，或是自己身體的感受上，然後好好地在當下這一刻呼吸。你知道嗎？我們的思想總是跑到過去和未來，但我們的身體和呼吸永遠處於當下。

如此一來，過去的紛擾和未來的煩惱就不容易侵犯你，你可以安住在眼前這一刻。人生不就是由每個「眼前這一刻」串連而成的嗎？你所能擁有的，也只是當下這一刻，所以，好好珍惜吧。

❋——給親愛的你——❋

定靜的功夫是對付紛亂思想和負面情緒最有效的「武器」，因為它有助於建立覺知，提升我們對事物及自我的覺察能力。而且在靜心時，身體如如不動，情緒和思想都在嚴密的監控之下，所以我們和自己的真我可以短暫地相聚——雖然短暫，但已經接近生命的源頭了；也許無法暢飲，但多少可以沾染到濕潤的水氣。定靜的功夫不是一朝一夕就可以建立起來的，但是在過程中，你會愈來愈感受到來自真我的那些特質——愛、喜悅與和平。

頓悟也需要一個過程

有讀者寫信告訴我，看了我的書，他的憂鬱症好了。其實，你不要以為一本書就可以治好你的憂鬱症，因為它還會再回來。像我就有憂鬱體質，這樣的人在很多事情上都會鑽牛角尖，即使到現在，我還是會出現抑鬱的情緒，但我不會變成憂鬱症患者，因為當憂鬱情緒來臨時，我就接受了它。

此外，我還想告訴大家：不要把我的書、我的網站或任何一種靈修法門當成護身符。這並不是說我們不可以接觸這些東西，而是希望大家要有覺知，要明白靈修是一個過程，而且是個很長的過程，不可能透過一本書、一位老師就讓你開悟。世界上沒有任何人或任何法門可以在一夕間就讓你頓悟、讓你永遠快樂。

想要擺脫憂鬱的情緒、擺脫不快樂，最好的方法就是不抗拒，就是無為。情緒出現了就出現了，你要試著接納，不要一直說不甘心，然後掙扎著想要「爬」出來去抵抗它。

許多人擔心自己萬一陷在這樣的情緒裡出不來怎麼辦。其實不會，只要心甘情願地接納你的不快樂、你的憂鬱，你就自然而然地走出來了。鐘擺就是這樣，愈是阻止它，它擺到對面的時候，愈擺不回來；只要不去妨礙它，時間到了，它自然會擺回來。修行的時間愈久，我們愈希望情緒的波動不要太大，不要因為外在的某件事而欣喜若狂，高興得不得了，這樣必定會有反效果。

所以，請找到一種內在平安和喜悅的感受，因為這最持久，而且別人拿不走，外面的人、事、物都動搖不了，這才是最重要的。

比方說，學習常懷感恩之心，那麼這陣子你就只是感恩，並為生活定下一個正向主題。兩、三個月之後，你一定會看見自己的生活出現一些改變，甚至周圍的人也會告訴你，你有了些變化。

＊──給親愛的你──＊

有些人每天把時間排得滿滿的，就是不願意面對自己。你內在那個你不想面對的部分，就像《愛麗絲夢遊仙境》裡的兔子洞一樣，又深又暗，連耶穌、佛陀或任何大師都碰觸不了。只有當你自己願意進去探索，把裡面的東西拿出來，擺在陽光下接受療癒，或是把光帶進洞裡時，療癒才會發生效果。

我們追尋的，不過是活著的體驗

有一次，我聽一位道家高人談到有關地球未來轉化的比喻，覺得非常貼切。他說，生存在地球上的人類就像一個小金魚缸裡的魚，因為魚兒們沒有好好愛護環境，讓魚缸裡的水受到嚴重的污染，於是，魚缸漸漸變得不適合這些魚類生存。而養魚的主人——也就是宇宙——非常慈悲，早就為我們準備了另外一個更大、更好的魚缸，並且派了一些魚到舊魚缸中，讓大家知道有另一個魚缸存在，同時要慢慢適應，之後轉移到大的魚缸繼續生存。

大魚缸就象徵未來的新地球，有人說是四維空間，在長、寬、高之外，加上時間作為另一個維度。無論未來是什麼樣的新世界，我們都要了解、知曉新世界的遊戲規則，也就是心靈法則，而且要關注那個層次的世界——開發自己的內在空間。如果我們還是把焦點放在舊魚缸裡，不斷地競爭、廝殺、爭奪，以滿足自己的物質欲望，那就很難從舊魚缸過渡到新魚缸。

其實，我們要做的很簡單，就是單純去體會生命的喜悅，知道讓我們心靈平安、寧靜的不是外在的事物，而是在自己心中找到的那個內在空間。

我非常喜歡神話學大師約瑟夫・坎伯的一段話，在此與大家分享：「人們說我們都在追尋生命的意義，我不認為那是我們真正追尋的。我認為我們追尋的，是一種活著的體驗……這樣我們才能感覺到活著的喜悅。」

希望大家都能感受到「活著的喜悅」，而想得到這種喜悅，先決條件就是要能決定用何種態度面對生命中所發生的每一件事——是的，每一件事。請為自己的生命負起責任，到最後你會發現，原來生命如此美好！

精神病學家維克多・傅朗克就說：「人性最終的自由，在於選擇以何種態度面對任何情況。」這或許就是我們的終極功課吧！

給親愛的你

與其鍥而不捨、不斷努力地付出，以達到目標，不如盡本分之後就靜觀其變，學習接受結果的自然呈現。

與其什麼事情都要立刻獲得「是或不是」、「對或錯」、「要或不要」的答案，不如學習穩坐在矛盾、曖昧、隱晦之中，耐心地等候正確時機出現。

與其一味地逞強好勝，不如學習接受別人的關懷和照顧，甚至接受「失敗也是可以的」。人生真正的失敗是一味追求成功，最終卻發現那不是你真心想要的。

與其強求事情都要按照你所希望的方式發生，而不斷控制周遭的人、事、物，讓自己變成控制狂，不如讓事情水到渠成，學習包容和寬恕。

與其要求別人的言行舉止都要按照你的意思，不如對人多一分寬容和慈悲。

WANG P.Y.

Part

5

擁抱生命中的陰影

面對內在的黑暗角落

過去經歷的傷痛如果沒有被療癒，就會不斷在你的生命中創造類似的情境，好讓你反覆經歷以前壓抑下去或沒有好好面對的情緒，但這正是你的出口。

我們的人生只能在安全模式下運作嗎？

有一位催眠治療師說過，除了那些患有嚴重心理疾病、神經症性心理問題的人以外，來找她催眠的人之間的共同點是不認同、不接納、不喜歡自己，內心往往有恐懼感，而且敏感、多疑。這些心理問題如此普遍，背後的原因可能很多，例如社會層面、家庭關係層面，以及我們與生俱來的人性弱點等。

我要說的是，每個人生下來都是一張白紙，不知道自己是誰，也不知道如何愛自己。我們周圍的人、事、物就像一面鏡子，映照出我們的形象，因此，我們會從父母的眼中和社會的認同中來判定自己是誰，並學習愛自己。

很遺憾的是，家人和社會教育並未準確地告訴我們「我是誰」這個問題的答案，也很少鼓勵我們活出自己的獨特性。父母有他們的期望，希望孩子能按照他們想要的方式展現自己；而社會有一定的規範，要求我們發展成某種模樣的人。如果無法符合他們的要求，他們會用批評、責備、冷漠和不贊同的眼光、言語或行為，來讓我們知道這樣是不行的，我們不能只顧做自己，而要符合他們為我們設定的標準和規範。所以很多人無法找到自己，無法認同自己。

其實，缺乏安全感也好，不認同、不接納自己也罷，這些都不是現代人獨有的心理問題。這些問題可能來自我們本身：生而為人，對自己的不了解、對外界的不了解，都會讓我們缺乏安全感。

但我們又總是習慣去比較，透過與周遭人比較來認識自己（例如我是聰明還是笨），所以很多人都會覺得自己不夠好。又或者，我們從小接受的價值觀告訴我們要怎樣生活才安全、怎樣才能成功、怎樣才像個女孩子等，幾乎沒有一件是我們自己能決定的事。我們的人格經過外界的塑造和扭曲，而我們內心深處並不接納真實的自己，所以常會覺得糾結、彆扭、矛盾和迷惘。

就像我之前說過的，父母、老師和社會教導我們看待自己的方式，結果讓我們成了被「程式化」的機器，只能在有限的「安全模式」下運作，無法發揮自己真正獨特的個性和能力。

走上靈性成長的道路，可以幫助我們一點一滴地找回真正的自己，發揮專長，完成我們來到這個世界的真正目的：療癒自己的靈魂。

＊——給親愛的你——＊

其實，人一生下來就有特定的性格傾向，例如外向、內向、悲觀、樂觀等。接著，後天的環境，如家庭、學校、社會、朋友等，都會幫助我們在童年時期定下一些遊戲規則，從而為我們創造種種價值觀和信念。

簡單來說，就像這個公式：

性格傾向×外在環境×所接受的教育×生活事件×前世業力（如果你相信的話）＝人生模式

如何走出受害者牢籠？

生命中的每個問題幾乎都起因於我們把自己囚禁在自己設置的受害者牢籠之中。這個「小我」設計的陷阱是如此運作的：你會有個受害者意識，亦即認為「都是別人的錯，別人的行為、別人說的話讓我受到傷害（這裡面有一種理直氣壯的期待：你必須滿足我的需求），所以我覺得很痛苦」。

有受害者情結的人，都是無法對自己的生命負全責的人，他能做的就是自怨、自艾、自憐，即使知道這樣做對事情本身、對自己、對他人一點幫助都沒有。

受害者的內在還會有個聲音跳出來，說著：「你已經做得夠好了，他會這樣是因為XX，你下次再努力一點、再小心一點、再忍耐一點、多付出一點、再變好一點就可以了。」這就是拯救者的聲音，它從理性的角度來說教，來勸誡、教訓你，並且做你忠實的啦啦隊隊長，為你加油打氣。然而，拯救者的聲音只會讓你更沮喪、更無力，於是，另外一個聲音就有必要誕生了，因為它會帶給你虛假的力量感。

那個聲音會說：「混帳東西，他以為他是誰啊？過分！你不應該對他那麼好，下次一定不能手下留情。」、「你就是這個樣子，懦弱無能，我真為你感到羞恥。」這就是迫害者發出的聲音，指責、批判、怪罪、憎恨、埋怨——以這些負面情緒和行為來表現自己的不滿。

每一天，你腦袋裡的聲音就是這樣輪流變換角色，讓你陷在頭腦的對話中，作繭自縛，沉溺在負面的情緒和思考裡（編按：參見左頁的卡普曼三角）。

知道這樣的模式當然很有用，但你必須弄清楚這個牢籠的出口在哪裡。很多人以拯救者的身分，天天努力鞭策自己，或是扮演迫害者的角色去驅策他人，帶給別人許多壓力，也給自己找麻煩。其實，這個迷宮的出口就在受害者身上，脫逃的訣竅則是：願意停留在受傷的情緒裡，無論它是自卑感、無價值感也好，被背叛的感覺也罷，你都不試圖逃避，而是願意和這種情緒待在一起，願意穿越它。

受害者之所以選擇受害的心態，是因為他的內在必須經歷這樣的情緒——其實這就是他的人生模式會一再重演的原因。為什麼他要再度經歷從小就令他害怕的情緒呢？因為他的靈魂想幫助他療癒童年、甚至前世的創傷。

過去經歷的傷痛如果沒有被療癒，就會不斷在你的生命中創造類似的情境，好讓你反覆經歷以前壓抑下去或沒有好好面對的情緒，但這正是你的出口。當你掙扎、爬行、通過關卡之後，會發現有好大一份老天賜予的禮物在出口的另一端等著你。

所以，受害者牢籠看似難以逃脫，但事實上，如果帶著勇氣和決心穿越重重關卡、穿越黑暗的隧道，你就能在另一頭看到亮光。這是多大的解脫和自由啊！你不會再隨著他人的行為和情緒起舞，得以擁有內在力量，在各種紛擾的狀況中依舊怡然自處。這也是我正在走

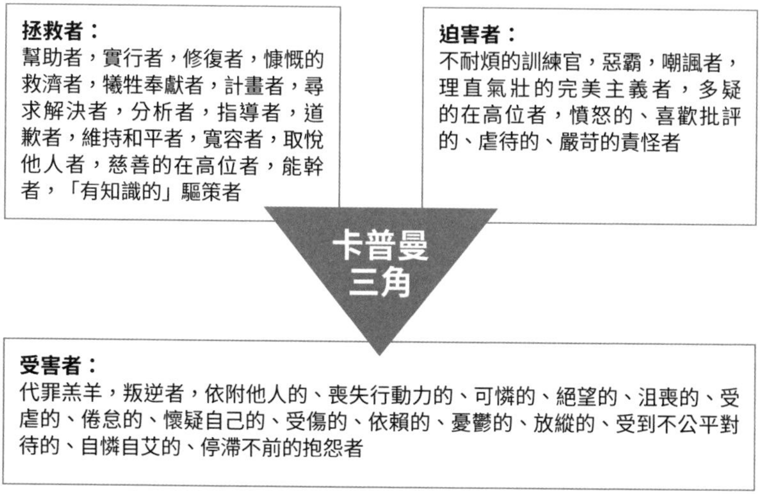

本圖取自《親密關係：通往靈魂之橋》一書

的方向。

其中的困難在於，我們的「小我」太會編故事，編到最後連我們自己都不得不相信對方真的是壞人，太不通情達理或太不正常了。而且，舊傷是如此之痛，把它投射出去責怪別人，要比自己舔舐傷口容易多了。

我有個朋友靈修了很長一段時間，她在年紀不小的狀況下經歷了一段刻骨銘心的愛情，後來對方撤退走人，她一直無法原諒，還使出各種報復手段，包括報復她自己——得了憂鬱症。對方觸動了她內心深處的無價值感，這其實是她的原生家庭不斷「提供」給她的；一旦再度和她從小到大最不願面對的感受赤裸裸地相逢，多年的靈修都派不上用場，最終元氣大傷。

外人會覺得，男歡女愛，又都是成年人了，交往一陣子之後如果覺得不適合，每個人都有自由走人。當然，你的「小我」會有種種藉口，認為他做得太絕、手段太卑劣等等，但雙方並沒有婚約，為什麼對方不能變心？如果你對他「深切的愛」轉瞬間就可以化為這樣的恨，那麼你給出的也不是真愛，你和對方不過是五十步笑百步，因為雙方都是為了「小我」的需求在戀愛，都不是真愛。

不過，當我們依舊迷失在幻象之中，迷失在紅塵俗世的紛擾和煩惱裡時，不得不讚嘆「小我」設計的受害者劇碼真是耐看。人世間的悲歡離合都是這樣被創造出來的，對這一切了然於心之後，下次如果再度中計進入牢籠時，你能否比較快速地脫身呢？讓我們一起努力吧。

❋——給親愛的你——❋

人格愈是發展，我們埋藏在深層的陰影就愈多。如果只偏頗地活出生命的一部分，不了解自己深藏的陰影，陰影就會破繭而出——它會在我們的生活中創造憤怒、批判、抑鬱、夢魘，甚至是疾病和意外。

不放過你的，是你的思想

健康的身體是什麼樣子？健康的心靈又是如何？健康的身體大家都感覺得出來，如果精神健康，沒有生病，每天都精力充沛，睡得好、吃得香、拉得暢快，你當然屬於健康一族。

心，指的主要是情緒和思想。情緒要怎樣才算健康？別以為負面情緒代表心靈不健康，當負面情緒浮現時，你用什麼態度面對，才是問題的關鍵。

到現在，我有時還是會覺得抑鬱、憤怒、悲傷，但是當這些負面情緒來臨時，我能以平常心對待，並試著坦然地在那個當下經歷它們，而不是去阻擋自己的感覺。我覺得很多男人會有這個問題，一感到悲傷就告誡自己：「我不能悲傷，不能發脾氣。」然後把自己的感覺壓下去。長此以往，就會為身、心、靈帶來健康方面的隱患。

憤怒浮現的時候，不要壓抑。大家或許覺得情緒就是情緒，但情緒具體來說是什麼，又說不清楚。其實，無論好情緒或壞情緒，都是你的身體對你的思想的一種反應。身體和不好的情緒之間會互相影響，因而引發惡性循環，所以每當負面情緒來臨時，請在身體上感受它，完全和它在一起，這叫作「全然地經歷自己的負面情緒」，不要逃避，不要壓抑，更不要把它投射到外面。

你可以適當地發洩，例如捶打枕頭、痛哭一場，或是到山裡大吼大叫、痛罵對方，讓情緒像能量一樣自然地流經你。這時，你只是負面情緒通過的管道，而不是裝盛它的容器。

那麼，平時要如何培養好的情緒呢？我建議多做自己喜歡做的事，好好照顧身體，注重食物和睡眠的品質、運動的狀況等等。只有真正對自己好，情緒才會慢慢好起來。

接下來是思想。大多數時候，我們的想法都是不真實的。我之前提過，所謂的受苦其實百分之九十以上起因於我們相信自己的想法。

例如，某件事其實已經過去了，但你的思想還是不放過自己，所以夜深人靜時，你一個人坐著，正在品嘗最心愛的巧克力牛奶……這個時候，你腦海中突然想起某件失敗的事，然後，整晚的氣氛就這樣被破壞了。這就是我們的念頭、我們的思想害的。所以，不要相信你的腦袋所想的每一件事，以及它「說」的每一句話。

我們常常根據不同的情節編造不同的故事，結果把自己弄得很悲傷、很恐懼、很憤怒。該怎麼辦呢？此時，你就要在當下檢視思想，問問自己：「我在想什麼？我腦袋裡的聲音在對我訴說什麼樣的故事？這個故事是真的嗎？我要相信它嗎？有沒有更理性、更符合事實根據的版本？我是否可以從另一個角度詮釋它？」

一般情況下，我們總是選擇自己想聽的版本，選擇符合自己需求的版本，但這未必是最好的。如果沒有帶著覺知和意識去選擇，你就是受到命運的操弄。

＊——給親愛的你——＊

觀照自己的思想時，你會發現你所想的事物不是在過去，就是在未來，很少在當下這一刻。此時，如果把注意力拉回你正在做的事情上，就可以阻止自己胡思亂想；若你當時沒有在做任何事，就把注意力放在自己的內在身體，去體驗身體各部位的感受，或是把注意力放在呼吸上，因為我們的思想總是跑到過去和未來，但我們的身體和呼吸永遠處於當下。

P.Y.
WANG.P.Y.

連結真正的靈性，解決所有問題

一位印度上師告訴過我一個故事，我想跟大家分享，並附上我自己的理解和觀點。

從前有個國王在打獵的時候與隨從走散了，他在山林裡繞了三天三夜，正當筋疲力盡、衣不蔽體的時候，來到了一個村莊。

村裡有兩個兄弟——拉穆和夏穆——正在耕田，看到這個「流浪漢」十分狼狽，就收留了他，招待吃住，十分熱情。國王吃飽喝足，梳洗完畢，換上乾淨的衣服之後，心懷感激地對兩兄弟說：「謝謝招待。你們有所不知，我是這個國家的國王，為了表示感激，我將答應你們任何一項請求，請儘管提出來，不要客氣。」

兩兄弟看國王問得十分真誠，於是哥哥拉穆便說：「我是個佃農，沒有自己的田地，請國王賜給我八畝地，讓我可以在自己的田地上耕種。」國王慷慨地允諾。

弟弟夏穆則說：「我什麼都不要，只要國王每次過新年的時候能來我家吃一頓飯就可以了。」

國王很詫異，問道：「來你家吃飯？那你能得到什麼呢？」

夏穆說：「這是我的心意，您不答應也可以。」國王於是爽快地應允了。

過了一段時間，新年快到了，國王想起自己的承諾，便告訴隨從：「過新年的時候，我要去某個村莊的農民家裡吃一頓飯。」

隨從一聽都傻了，趕緊稟報大臣。大臣們再三勸說，國王卻堅持一定要去。因此，大臣急忙派人到夏穆家中查看。這一看不得了，農舍如此寒酸，怎麼能讓國王來這種地方吃飯？於是立刻動工把夏穆的家改建成一座小宮殿。而村子到處破破爛爛也不像話，這可是國王要來的地方耶！於是又出錢把村子四處整修一番。然後，還不能讓國王旅遊太勞累，所以路也要修好，免得馬車行走在上面時顛簸得太厲害。

一時間，夏穆的家、整個村子，以及周圍的設施、交通都令人耳目一新。夏穆神氣得不得了，很多人要巴結他，和他做生意、交朋友，因為國王每年都會來他家。夏穆的生活變得煥然一新。反觀他的哥哥拉穆每天還是得種田，除了收入豐厚一些之外，沒有太大的改變。

在這個故事中，國王象徵靈性、你的內在真我、大我、神，或是任何你喜歡的、象徵宇宙意識或最高力量的名字。生活中有無數的麻煩、困境、問題，也許你可以藉由努力工作來改善經濟狀況，藉由學習和溝通來改善各種關係，但是，只要最終連結上真正的靈性，你的一切問題終究都會被解決。

所謂的靈修之路，其實就是在建立與靈性的關係；一旦關係建立了，恩典就會源源不絕地進入你的生活中。

常常有讀者寫信給我，訴說他們的故事。也許有些人的某個問題因為我的建議而暫時紓解，但問題並未真正解決，過不了多久，他在生活中又會遭遇其他難題。

靈性的道路是要實修，是需要你去體驗、去實踐的，而不是看兩本書就能獲得快樂，問兩個問題就可以解決終極的疑問。我當初寫書就是想跟大家分享我的心得，讓大家知道如何從不快樂到快樂，如何更了解自己，進而與自己成為朋友。當內在改變以後，我的外在，例如健康、財富、親密關係、親子關係等都有了長足進步。

這是我修了好多年的結果，大家也許可以因為我的分享而縮短修行的時間，但不可能一蹴而就，還是要實修、實修、實修。

與其臨淵羨魚，不如退而結網，結了網就能抓到魚了。

❋——給親愛的你——❋

觀察者會影響實驗的結果，所以不同的人做出的實驗結果會有差異。有些人特別愛花、愛動物，說也奇怪，那些植物和動物也會因養育的人不一樣，而有不同的表現。

無意識是一切禍亂的根源

最近，社會的暴力現象愈來愈嚴重，令人痛心。

一名音樂系的大學生在撞傷一位女性之後，由於對方拿筆抄他的車牌，他竟然用彈鋼琴的手拿刀刺殺對方多刀，致其死亡。

一名留學生在機場與前來接他的母親一言不合，竟然當場拿刀刺了母親數刀。

一名男性和交通警察發生衝突，便叫父親偕同兩名友人前來助陣。這對父子在街頭當場把交通警察活活打死，一名友人還大喊：「我今天不但要打死你，還要剝了你的皮。」

這種種可怕的新聞，讓我心痛。

這些人念了那麼多書，生活也算優渥，怎麼會一時喪心病狂，做出這種事？他們難道不知道，殺死一個人要負多大的責任，遠比把人家撞傷來得嚴重？這些人怎麼沒想到自己會陷入多慘的境地？

我只能說，在事發的當下，他們都進入了無意識之中，完全喪失理智。無意識，就是人類一切禍亂的根源。

靈性導師李耳納告訴我們，在靈性成長的道路上，必須把每一塊無意識石頭都翻過來，看個清楚。

對一個陌生人怎麼可能仇恨到要殺死對方，甚至還要剝他的皮？這個人在對一個陌生的執法人員拳打腳踢的時候，可能是在發洩對父親的憤怒，因為小時候父親也是這樣對待他的，他一直沒有機會報復，現在可好了，機會來了。無意識才不管你報復的對象是不是當初加害你的人，它只想發洩。

所以，就像李耳納說的，你必須負責任地把情緒表達出來，不要壓抑。所謂「負責任」，就是以不傷害他人的方式發洩自己的憤怒。你可以狠狠地捶打枕頭，承認你對父母的憤怒之情，讓你的憤怒有個出口，然後原諒他們，也原諒自己。憤怒不知道原諒，也無法寬恕，它只想報復，那就讓它報復吧。報復完之後，你還是可以回去做你的乖孩子，但你內在的憤怒已經被釋放了，未來不會在某一刻因為被觸發，又突然跳出來壞事。

我發現，承認自己有憤怒是最重要的一步，第二步則是以適當的方式將它表達出來，讓積壓在你內在的能量自由流動。

此外，我們常常習慣性地做出一些機械化的反應。例如那個拿刀刺死人的音樂系學生就是被恐懼驅使，沒有看見自己的恐懼被不成比例地放大了。如果當時他能立刻反觀自己的恐懼，願意和自己的恐懼共處，而不是以去除外在障礙的方式消除恐懼（這可能是他從小到大一貫的反應模式），那麼他就不會因為殺人而使自己陷入更悲慘、更恐懼的境地了。

我現在每天都在試著翻動自己的無意識「石頭」。何時該這麼做呢？很簡單，任何人激發了你的情緒時，就是你該去尋找那塊「石頭」的時候了。

例如，我翻到一塊控制欲的「石頭」，希望別人按照我的方法做事。這是霸道的我，好，我看到了、接受了，然後就讓它過去。

我翻到一塊需要別人尊重的「石頭」。看了看事情的來龍去脈之後，我了解到人家其實不是不尊重我，只是有他自己的想法和做事方式。低自尊的我需要別人的尊重，好，我看到了，我願意創造更多空間，允許別人做他自己，同時我也可以尊重自己，而不需要別人的尊重。

我翻到一塊批判的「石頭」，覺得別人冥頑不靈、傲慢頑固。哈，這是我自己的投射。我也要接納自己的傲慢、頑固，看到它，接受它，並感謝別人願意成為「鏡子」，讓我看見自己。不必去批判對方，他有權利做他自己。

翻來翻去，我發現自己更可以「放下」了。我有了更多空間去包容別人，了解每個人都在為自己的利益努力，並非有意要侵犯我。看見這些之後，我願意接納，因為我想要自由，而不想被自己的無意識關在牢籠裡，還把別人拉進來變成「共犯」。

如果能夠不斷地翻動自己的無意識「石頭」，我們就會找回更多的自己，心情會更愉快，日子會過得更輕鬆，身不由己地做出一些無意識行為的機率當然也會更小，如此一來，這個世界會變得更美好一些。所謂的「靈修」不就是這樣嗎？靈修絕對不是有些人說的神神道道的東西，而是不斷地修自己——不斷地翻動每一塊無意識「石頭」！所謂的「修」自己，也不是說你自己有什麼不好，而是希望你更深入地認識、發掘未知的自己，進而接納、包容它們。

❋——給親愛的你——❋

報復是你潛意識裡的動力，在還沒被你覺察到之前，這個動力無比龐大，且毫無理性。然而，一旦你把它帶到意識表面、整合它之後，它的力量就消融了，不會再像以前那樣盲目地牽制你。那麼，要如何整合「報復」這股動力呢？答案就是「寬恕」。

唯一的敵人是你自己

什麼樣的人最有魅力？什麼樣的女人可以抓住男人的心？什麼樣的男人才是真正的男人？

我愈來愈覺得，以上問題的答案就是「內在有力量的人」。「內在有力量」的意思是遇到困難或痛苦時，能夠坦然與自己的負面情緒相處。困難大家都有，痛苦也人人不缺，只要是人都無法避免這些，但內在力量強大的人可以不受苦。

那麼，該如何培養內在力量，讓自己少受苦，甚至不受苦呢？其實非常簡單，只要當你覺得自己在受苦時，能欣然接納，並承受痛苦及逆境的不順，那麼你的內在力量就會一點一滴被培養起來。這就像鍛鍊肌肉一樣，是需要時間的。

那些習慣向他人傾訴痛苦並求救的人，都是比較缺乏內在力量的。其實，每個人的內在都有足夠的能耐去面對生命中、生活中發生的每一件事。內在力量不是外來的，它本來就存在我們每個人之內，只是從小沒有人教我們如何使用、汲取這股力量。

有一次，我碰到一位朋友，她向我抱怨道：「妳的書和其他的靈修書籍說得都很好、很棒，我非常贊同，但就是做不到，落差太大了，反而讓我無所適從，愈看愈亂，乾脆不想、不看了。」

我告訴她：「我一開始靈修時也這麼覺得，但我和妳不同的是，我不覺得那種境界是我一輩子望塵莫及的，我相信別人做得到，我也能做到。」

於是，我帶著一顆好奇、挑戰的心，逐步研究：為什麼我的境界和老師們說的境界差這麼多？我該怎麼做，才能一步一步走到那裡？

大部分人都追求速效、都想一步登天。「德芬，妳救救我吧，我如何才能像妳這樣安詳、快樂？」對不起，我不知道花了多少時間、多少勇氣，才願意面對自己的痛苦，直視內在，看清楚痛苦的背後究竟是什麼。當我不心存畏懼、可以勇敢地面對痛苦時，我發現痛苦只是不折不扣的幻象，而且是我親手製造出來的。

到現在，我發現我的生命中已經沒有其他敵人了，唯一的敵人就是我自己。那麼，對付敵人最好的方法是什麼？就是運用愛心、謙卑和耐心去接納它。愛能化解一切，學會愛自己、建立內在力量之後，你就不必每天跟救火隊一樣，到處撲滅你生命中的大小火災。

有一位老師說過一句話，我很喜歡。她說：「神通是什麼？神通就是人家稱讚你時，你不竊喜；人家毀謗你時，你不動怒。」也就是我們常說的「寵辱不驚」。

❋——給親愛的你——❋

與外在的人、事、物互動時，如果產生負面的感受或情緒，我們往往認為是外在的那個人或情境引發的。殊不知，不滿與不快其實源自你的內心，不在外面。

如何化解兩難的困境？

兩難是許多人的人生模式，也就是說，他們的生命中會不斷出現兩難的狀況來考驗他們。比方說，想在職場上有所表現，家庭就顧不了；得到一份很好的工作，卻有個出國進修的機會，放棄哪一個都可惜；甲君家世好、人品讚，可是激不起我的火花，乙君則風流倜儻，是個靠不住的丈夫，我卻為他深深著迷；我想離婚，又放不下孩子。人生的兩難情境簡直可以寫成一大本書，書名就叫「顧此失彼」。

其實，兩難是「小我」精心設下的陷阱，它讓你無論選擇哪一方，心裡都有遺憾，因此，你就無法理直氣壯地快樂生活。

兩難的困境源自兩個信念：匱乏感和無價值感。匱乏感就是覺得宇宙不會那麼慷慨地提供我想要的一切，因為有一種東西叫作「代價」，天下沒有白吃的午餐，所以我不可能兩全其美地得到我想要的。

無價值感則是覺得我不值得、不配得到自己想要的東西，所以必須有所犧牲作為交換，因為我本來就不是個幸運的人。

從靈性的角度來說，這兩個信念都不是真的。宇宙的豐盛無邊無際，它也會雨露均霑、無私地與每個眾生分享它的豐富。你的匱乏感和無價值感來自小時候的制約。每個人的原生家庭或多或少都讓我們受到一些傷害，很少有父母能讓孩子感受到無條件的愛與支持。因此，匱乏感和無價值感就是我們童年時期受到挫折、打擊之後採取的保護措施。

我們會覺得，一定是東西不夠分配，有所匱乏，我才得不到自己想要的；不然就是我不夠好，所以大人無法滿足我的需求。對於自己不明白的事物，我們小小的心靈總要有個說法，這就形成了我們的信念。但現在我們長大了，可以試著採納對我們比較有用、有益的人生信念，不必抓著老舊的模式不放。然而，這些模式都在潛意識底層，平時不容易察覺到。這就凸顯出靈性修持的重要性，它可以幫助我們看清並化解人生模式，逐漸從被束縛的狹隘觀念中走出來，看見無垠的天空，呼吸新鮮無比的空氣。

我曾經提出許多幫助大家化解人生模式的方法，但靈性是你內在的東西，必須自己去耕耘、自己去解決，「拿」了方法之後，你可以依樣畫葫蘆地實行。在這裡，我能夠跟大家分享的是，每當我有「這是不可能的，老天不會對我這麼好」、「哪有這種好事？一定不會是我」之類的想法時，我都試著用正面的想法鼓勵自己：「宇宙是豐盛無邊的，只要我願意接受，它的豐富就會流到我這裡來。」

此外，想要化解兩難的困境，其實可以兩個都不選，也可以選擇其一，但欣然承擔所有結果，安於自己的選擇，試著活在每個當下，而不回頭看「假如當初……」、「如果那時……」，或是去看河對岸的草地是否比較綠。比方說，如果決定出國留學，就忘掉那份高薪的工作，向前看，不要回顧；如果決定離開婚姻、投入新的關係中，就要與自己的恐懼及愧疚和睦相處，同時把注意力集中在減少對其他家庭成員的傷害上面。這些都是說來容易做起來難，但是，與其讓自己盲目地被人生模式掌控，不如好好培養自己的意識之光。

我很少經歷兩難的情境，這跟我乾脆的個性有關。我從不回頭看事情，所以很少後悔。靈修之後，我發現一切都是最好的安排，因此更少面臨兩難的困境了。我始終相信自己得到的是最好的，而且我也提過，我心想事成的能力很強，這也是因為我始終很清楚自己在那一刻要的是什麼，並全力以赴去得到。不過，我肯定會遇到一些更困難的人生課題，因為老天是公平的。

❋——給親愛的你——❋

當心裡充滿情緒性的垃圾，每天都在抱怨，不知道感恩、欣賞自己所擁有的事物時，內在空間就會變得很小，難怪我們會覺得很不快樂、很不舒服。

WANG.P.Y.

要想全然地活，必須先接受死亡

有一位讀者寫信給我，請求我提供一些建議，因為她患了癌症，情況危險，而且她非常年輕，對生命有很強烈的熱情。

這件事深深地觸動了我。我有過一位年輕的朋友，也是罹患癌症，同樣具備強烈的求生意志，當時她也是想方設法要挽救自己的生命，結果還是很快就走了，才二十多歲。

為什麼求生意志如此堅強的人，依然擋不住死神的召喚？其實我心裡是有答案的。我們來到這個世界，不僅僅是來體會生而為人的滋味的，在這個較稠密、頻率較低的二元對立世界裡，除了要學會如何顯化物質，我們還有靈魂的功課要學習——靈魂的功課也可稱為「業力」。

所以，如果不先修好靈魂的功課，再怎麼努力發願都是沒用的。我回覆這位讀者的來信時有點殘酷，我建議她先全然地接受死亡，甚至擁抱死亡，然後再好好地生活。如果可以把疾病看作生命的導師，全然接納，甚至擁抱它，就有可能發生奇蹟。

要想全然地活著，就必須先接受死亡。死亡並不可怕，可怕的是你沒有好好地生活過，沒有完全活在當下地擁抱生命、享受生命。當然，該接受的種種醫療處置還是要接受，只是要全然地臣服於生命之流。

這也讓我想到，我們有些人的生命中總是缺乏某些東西，也許是金錢，也許是健康，也許是親密關係，然後我們一直掙扎，一直努力，心裡有很多怨懟，外在則不斷出現人、事、物來提醒我們內在的匱乏，讓人更加不舒服。也許我們盡了一切努力仍無法改善，或是得到自己想要的，這時，何不試試臣服的藝術？

臣服的藝術就是接納眼前的一切，知道有一種更高的力量在主宰所有事物。你可以告訴它你的心願，然後與當下的一切和睦共處，愉悅地生活，並繼續為自己的心願努力。這樣也許有一天，你想要的事物會毫不費力地來到你的生命中。

——給親愛的你——

事實最大，因為已經發生的事情是無法改變的。如果不接受它，就好像用頭去撞牆，而且希望把牆撞開，完全無濟於事、徒勞無功！

死亡的陰影

有一次，我陪好友去探望他因為罹患癌症而病危的哥哥。那天是中秋節，一早就有很多親戚來看他。我們到的時候，大家哭成一團，屋子裡很悶熱，氣氛沉重，讓人非常不舒服。

我們對死亡總是有那麼多誤解，對它充滿了恐懼。但有位靈性大師說過：「死亡是一件很美的事，值得歡慶。」是啊，人都是哭著來、笑著走的，許多有過瀕死經驗的人都異口同聲地說，當他們靈魂出竅、飄浮在自己的身體上方時，覺得好輕鬆、好自在。所有人都說看到了光，而且好像有個隧道，隧道的另一頭有人在等待，但這些人都沒能穿越隧道，否則他們就回不來了。不過，有人曾驚鴻一瞥隧道另一頭的光景，看見自己過世的親人在那裡等待。

死亡可以是一件很美的事情。在電影《非誠勿擾・II》中，孫紅雷飾演的成功商人得了不治之症，便為自己辦了一場很棒的生前告別式，非常溫馨、感人。我當時就想，如果我有不治之症，知道自己時日不多了，一定會為自己辦一場轟轟烈烈的告別式，開開心心地和親人、朋友一個個道別，這真是太奢侈了！

然而，好友的哥哥和親友無法坦然接受事實。我把好友拉到一旁，提醒他：「告訴你哥哥的家人，不要在老人家面前掉淚啦。為何不把氣氛弄得好一點？你們可以跟他聊一聊他年輕時候的事，閒話家常，逗他開心，為什麼要讓他走得這麼悲慘呢？」

我當時就在想，如果躺在床上的是我的父親，我能否自然地和他談笑風生？我相信我可以，同時我還會一再地告訴他，我多麼愛他、多麼感激他是我的父親，並謝謝他為我做的一切、謝謝他給我的愛。出了病房，我可能會泣不成聲，但我不會讓父親看見，我要他安心而平靜地離開。

親人離去是多麼讓人悲痛的一件事啊！讓我們痛快地哭泣，然後擦乾眼淚，繼續人生的旅程吧！只要心中有愛，過世的親人就永遠不會離開你；只要不抗拒他死亡的事實，你就會感受到他的愛無處不在，就在你的心中發光。

告慰所有親友在天之靈！

——給親愛的你——

天下事只有三種：我的事、他人的事和老天的事。一個人能活多久，是老天的事，你再怎麼努力保護親人，都無法違抗天命。無論你有多愛他，多餘的擔心就是最差的禮物，不如給他祝福吧！

隧道的盡頭就是禮物

我吃過很多苦頭，也曾千方百計地選擇逃避，卻發現怎麼也逃不了。後來，我終於下定決心要好好面對生活中的各種負面情緒。

在這裡，我簡單地跟大家分享一套方法。它可以說是應對負面情緒的良方，也是追求個人成長最有效、最快速的方法（取材自《你值得過更好的生活》一書）：

一、當你有不舒服的感覺時，請深深地進入其中去感受它。這個步驟看似簡單，對很多人來說，操作起來卻相當困難，因為他們——尤其是男性——與自己的感覺失去連繫，一覺得不舒服，可能就立刻跳入防禦措施中，而不會回頭去覺察自己的感受。

「防禦措施」包括應付、處理、修正那些讓我們不舒服的人、事、物，或是用各種方式逃離自己的感受（轉移、壓抑、發洩、遮掩）。因此，要我們採取跟平常相反的方式去應對自己的情緒，真不是件容易的事！但就我個人的經驗來說，這是最好、也是回報最多的方法。

二、當情緒到達最高點時，說出關於自己的真相。你是無限的靈體，你就是光、是無條件的愛與和平。目前你所遭遇的情緒和狀況，都是你自己創造出來的幻象，是為了讓你體驗生而為人的感受，並藉此迎回你的力量。

對大多數人來說，這個難度就更高了。我們從小就根深柢固地認為自己就是這具身體，我們所擁有的外在事物（外貌、學歷、家世、財富、地位等）則定義了我們是誰。然而，所有的靈性老師、靈性書籍，以及各種靈修派系和宗教，最終都會指向這個真理：我們是「生我之前我是誰，我死之後誰是我」那個永恆的存在。

我個人對這點深信不疑。雖然我必須慚愧地說，我並未真正在頭腦之外的層次體會到這一點，所以它是別人的真理，不是我的，但我有絕對的信心，知道它是真實不虛的。最重要的是，它讓我在這個地球上生活得更有安全感、更有意義，即使死後發現它是個謊言，我也不覺得有什麼損失！

對於那些無法體會到這一點的人，我的建議是多去開發自己的靈性空間，或是去找一些有瀕死經驗的人，問問他們在肉體昏迷那段期間，他們的靈體有什麼感受，你就可以從中印證一些事。

如果願意深入自己的情緒（憤怒、悲傷、自卑、恐懼等），又能及時提醒自己有關你究竟是誰的真相，你就可以把鬧情緒視為演戲，知道這些情緒並不是真實的，那麼，此刻的你就很容易進入第三個步驟：迎回自己的力量。

《親密關係：通往靈魂之橋》的作者克里斯多福・孟也提到，想要成熟地面對情緒，第一步就是接納，承認此刻有情緒存在；第二步就是認清這股情緒不是真實的，只是你覺得它好像真實不虛；第三步則是找出情緒的真相究竟為何。任何情緒，只要你充分地去經歷、體驗，它就會變回它真正的面貌——力量、愛、喜悅、和平。這是人類的頭腦無法經歷和理解的，只有透過你的心和實際地證悟，才能有所體會。

三、迎回自己的力量。所有讓你不舒服的人、事、物都帶著一份禮物來到你身邊，那些導致你極端不舒服的情緒之下，都蘊藏了無比強大的力量。當你願意穿越看似十分恐怖的情境和情緒時，人生的頭彩就在後面等著你呢！

你可以想像這些力量像電流一樣流遍你的全身（我真的感覺身上發熱），你會覺得內在更有力量，因為你找回了人生的一個大彩蛋，你對自己的真實面貌和身分的覺知更加深刻了。下次再發生同樣的事情時，你就可以用更好的方式應對。於是，你從受害者牢籠中解放了，自由的滋味真美好！

四、感恩、欣賞自己的創造。感謝事件中的人陪你演出這場戲，畢竟外面的世界沒有別人，**你就是自己生命的最佳導演、最佳編劇，總是帶來你最需要的功課，讓你贏得頭彩！**

以上四個步驟也是挽救親密關係的靈丹妙藥。很多人都希望學會一些招數，好改變自己的伴侶，但我們都知道，期待別人改變根本行不通，通往地獄之路就是由期望鋪成的。

克里斯多福・孟還說過三個關於改善親密關係的「百分百」：百分之百誠實、百分之百負責、百分之百願意接受自己的錯誤。但後來他就不說了，為什麼？因為這些觀念雖然很棒，但有幾個人做得到？如果不先面對自己的情緒，並從中迎回力量，許多改進關係的技巧都會成為空談。

我想和大家分享我在某本書上讀到的一段話：

「如果有辦法辨識並接受黑暗的感覺，你會看到你的憤怒裡包含著巨大的力量，悲傷裡蘊涵了無限的慈悲，危機裡暗藏了很多機會，未知裡孕育了眾多可能性，黑暗裡潛藏了許多智慧。」

我自己在黑暗的隧道裡走了近兩年（如果無法面對某種情緒，你就會被卡在其中），終於好像看到了盡頭隱隱約約的亮光。親愛的朋友，如果你也正走在隧道中，請不要氣餒，因為我們都是在一起的。也許我還會再度跌入黑暗的隧道，但我有信心，隧道的盡頭會有一份很大的禮物在等著我！

✽——給親愛的你——✽

前半生的命運是注定的，後半生的遭遇則是自己的信念、行為和性格等因素造就出來的。當然，我們的前半生會因為基因中的種種因素，塑造出不同的價值觀及行為反應，繼而影響後半生。

每個人心中都有兩匹「狼」

每個人都有很多不同的次人格（子人格），也就是我們內在喋喋不休的噪音。稍微把這些次人格區分一下，就可以分成「內在小孩」和「內在父母」。「內在小孩」是來縱容你，是愛發脾氣、驕縱的，就像特別不乖的小孩子，一天到晚搗亂，罵了一定還口，打了一定還手。而「內在父母」則是嚴格的、嚴厲的，老是給你很多壓力，打壓你、教訓你、責備你。

除此之外，我們內在還有另外一個「第三者」的聲音是需要被滋養的，那就是「有愛成人」。每當「內在父母」和「內在小孩」吵架時，「有愛成人」就可以出來仲裁。一開始，這三個聲音可能因為每個人的性格特質不同，而有所差別。也許你的「內在父母」比較強勢，每次都把「內在小孩」壓制下去，這樣你就會沒什麼創造力。

或者，你非常富有創造力，卻很「無厘頭」，別人會覺得你這個人怎麼這麼不可靠，一天到晚橫衝直撞，彷彿沒有方向。這就代表你的「內在小孩」比較強勢。

現在，我們必須滋養自己內在的「有愛成人」，讓他成為理性的「仲裁者」。

有個禪宗公案是這麼問的：「每個人心中都有兩匹狼，一匹惡狼，一匹好狼。哪一匹狼會存活下來？」大家都猜惡狼會存活，其實不然，會存活下來的是你去餵養的那匹狼。所以，在自我觀照、覺察的過程中，如果太認同某個說話的聲音，不管是「內在父母」、「內在小孩」或「有愛成人」，你就會把自己跟他混為一談，並壯大他的聲勢。

我寫過一篇文章，叫〈觀察的金三角〉，裡頭提到每個人都可以扮演三種角色：一個是經歷者，一個是傾聽者，還有一個是觀察者。你要做的就是扮演觀察者的角色，維持觀察者的臨在。其實，我們每個人都很有自制力和覺察力，如果你維持觀察者的臨在，就不會把一些不該說的事情說出來，也不至於酒後失言。

如果不小心說出來了，表示你的內在其實非常混亂。另外，你也要去注意脫口而出的話，那代表你潛意識裡真正的想法。所以，靈性成長最基本的功夫就是自我觀察、自我觀照，就像學少林拳就得先蹲馬步一樣。

這個功夫該如何鍛鍊呢？基本上，靜坐會有幫助，可以在靜默當中觀照自己內在的實相：此刻內在的我到底發生了什麼事？我的感受究竟是什麼？為何他這句話激起我如此大的反應？我內在的感受是什麼？

請試著每天抽出一點點高品質的時間，傾聽自己內在的聲音到底在說些什麼，那時你就真的靜下來了，然後看看自己到底都把注意力放在哪個聲音上，這一點非常重要。養成習慣之後，你的覺察功夫就可以帶進生活中的每個當下，那麼你的生活就會平衡多了。

✻——給親愛的你——✻

如果你覺得別人「高高在上」，那是因為你內在有一個「低低在下」的自我；當你有被別人輕視的需要時，才會被人鄙視。一個自卑感重的人，自然會在生活中體會到許多不受尊重的感覺；一個覺得這個世界沒有溫情的人，走到哪裡都會被人冷眼相待。你如何看待這個世界，這個世界就如何對待你。

Part 6

最美妙的人生

建立圓滿的親密關係與親子關係

我只想告訴你，我很關心你，我現在和你一同處於當下，心裡沒有任何雜念，只是和你一起好好地待在這裡——這是你可以送給孩子、伴侶及父母最好的禮物。

真正有魅力的女人

二十一世紀是寶瓶座的世紀，是人類心靈發展進化的重要時機，在這個時代，進化的動力是由女性主導的。女性的特質就像老子在《道德經》裡說的「上善若水」，水無堅不摧，卻有著強大的包容力和靈活性，這個時代的女性就應該朝此方向努力。

我曾經提出一個男女特質對照表，請參考左頁圖表。

從這個表中可知，所謂的「女強人」，就是男性特質非常發達的女人。像我的個性從小就十分鮮明，喜歡控制、喜歡條理分明地處理生活中的一切，目標導向非常明顯，凡事都要分個是非高下、對錯曲直，不能有灰色地帶，不能模稜兩可，不能混沌不明。這種個性在事業上、工作上可以取得一定的成功，但在人際關係方面就行不通了。

男性化／陽	女性化／陰
太陽、熱、乾	月亮、冷、潮、濕
天、父親	大地、母親
光、照亮	黑暗、影子
腦、理性思維	身體、本能、本性、性
分析、邏輯、線性思考	感覺、流動的
涇渭分明、貼標籤	連結、關係
批判	接受、接納
結構、控制、秩序	無秩序、混亂
可信賴的、可依靠的	即興、不可預料的
根據資料得知	直接知道、直覺
目標、表現、完美	非競爭性的
達到、完成	進行、治療、關懷、滋養

注：取材自香港Deborah Chan的內在工作坊（Inner Work）

這就說明了為何許多女強人的親密關係都會出現問題，因為她們把工作上那一套帶入人際關係中，對方怎麼受得了？

四十歲以後，我開始覺察到這一點，同時又接觸了心理學家榮格的學說。他非常推崇女性特質，並認為人類步入中年之後，要逐漸走向「個體化」的過程，找回真正的自己，而在這個過程中，男女特質的平衡發展是非常重要的。

當我逐漸擁抱自己的女性特質時，我發現我對人的容忍度大大提高，做事也不那麼急躁，慢慢學會了安住在每一個當下，而我的內在力量也在逐漸增強。

真正有魅力的女人，能夠體現她內心的力量，而不是依靠外表的美麗妖豔等形而下的東西；真正有女人味的女人，能夠活出自己的女性特質，在外溫柔包容、善解人意，能支持她所愛的人，在內則有無比強大的力量，可以與自己的負面情緒共處，可以接納一時的不如意。

需要名牌服飾的裝扮才覺得自己有價值的人，其實內在是比較空虛的。我並不是說不能買名牌，而是希望你了解，這些東西是讓你欣賞、使用，不是讓你炫耀或覺得自己與眾不同的。你的身分認同感必須來自內在對自己的肯定與了然，而不是外人的讚賞與豔羨，更不是來自你的外貌、身材、職業，或是你的豪宅、名車、高檔服飾等外在事物。

❋—給親愛的你—❋

看見自身重要性的人，總能獲得尊重和敬愛。如果你自己都感覺不到自己的價值，在外面又如何找得到？

真愛需要冒險

某個週末，我抽出一下午的時間，參加了家族排列課程（編按：家族排列是目前在心理輔導界與心靈成長團體中相當盛行的輔導方法，能有系統地歸納出人際關係中的隱藏動力，由德國心理學大師海寧格整合發展而來）。課中，我被某個案的女主角選上，在她進行排列時擔任她的「前男友」。

我一上台就覺得自己很愛她、很想保護她，對她深情款款。女主角一開始有點抗拒，後來還是接受了我的擁抱和情意。結束之後，她一直問我：「妳覺得我的前男友真的像妳表現出來的那樣愛我嗎？我怎麼不覺得？他常常無法給我安全感，所以我選擇分手。」

看著女主角美麗而憂鬱的大眼睛，我認真地說：「親愛的，真愛，是需要冒險的。」

所謂真愛是指兩個人都能放下心防，真誠地相愛。真愛也許不是你最喜歡的那個人，因為他可能沒有在你面前表露真正的自己，你也沒有在他面前展現真實的你，這種愛也許很有朦朧美，但不能稱為真愛。真愛也不是單相思或單方面的認同，必須雙方心心相印，才叫真愛。

談戀愛的時候，我們常常自己一個人墜入情網，想像對方就是我們一生夢寐以求的真愛。然後夢醒時分，又會責怪對方沒有滿足我們的種種需求。這樣的戀愛其實從頭到尾都是我們的獨腳戲，而不是兩個人的共同經歷。

話題回到家族排列的女主角，我一聽就知道問題出在她自己身上（親愛的，外面沒有別人）。女主角對男性之愛有很重的防禦心，她說她小時候被父親傷害過，禁不起另外一次傷害。這樣的防禦心出現在親密關係中，會有兩種表達方式：不是曲意逢迎、極力討好對方，深怕對方離開，就是會變得若即若離，不敢太靠近。

這個女主角選擇的防禦機制是後者。想想看，帶著這樣的能量和行為進入親密關係中，哪個男人能看穿她的防衛行為其實是一種愛的呼求，一種出於恐懼的自保方法？所以，她的男人同樣也覺得沒有安全感，覺得自己被抗拒、被拒絕，因此會表現得不在乎她，或是說出「不在意這段關係」之類的話。他對她的愛，被她自己的防禦心阻擋在外——在家族排列的個案裡，這樣的動力顯露無遺。

親愛的，愛是需要冒險的。真愛要冒的第一個險，就是讓對方了解你的心，讓他清楚你的內在究竟發生了什麼。談戀愛的時候，我們每次見到對方都會拿出自己最好的一面，但上了「濃妝」的人格是很難持久的。唯有做真實的自己，對方才會尊重你，這段關係也才得以持久。

許多人冷漠堅強的外表下，有著一顆脆弱敏感的心。雄壯威武的男子漢，心裡可能隱藏著一個軟弱而缺乏自信的「內在小孩」。為了不讓自己這些「缺點」暴露在他人面前，我們採取了很多會傷害親密關係的防禦機制，耗費許多能量，但都徒勞無功。最終對方的離去都不是因為你的內在世界被揭露，而是因為你採取了各種防禦機制，甚至利用對方來讓自己好過，使他覺得不太舒服，而心生離意。

真愛是真心地接納對方，愛上他這個人，而不是外在的事物。真愛也是全面的，如果不向對方展露自己的內心世界，他怎麼有機會給你真愛？

真愛要冒的第二個險，就是願意放棄天長地久的保證。天底下哪有不變的事物？世上最無法辯駁的真理就是無常。既然事事無常，你怎麼可能要求對方永遠愛你？你之所以提出這樣的要求、有這樣的期待，是因為你自己付出了很多，害怕失去，無法承擔被背叛的結果。當你因為害怕受傷而無法深深地投入愛情之中時，怎麼可能得到真愛作為回報？

許多人就是因為害怕被背叛、害怕麻煩，寧可選擇一個「安心牌」的老公或老婆，也不願意冒險尋找真愛。

如果在此時、在當下這一刻，我是你的最愛，你也是我的最愛，這還不夠嗎？說什麼天長，說什麼地久，太斤斤計較的人沒有資格得到真愛。

真愛要冒的第三個險，則是他人的眼光。我之所以有這樣的感慨，是因為一個朋友的例子。這位朋友是非常優秀的專業人士，但她的外表普通，加上年紀大了，本身條件（學歷、經歷、財力）又比較好，因此不太容易找到合意的對象。最關鍵的是她的個性，活脫就是個男人，而且極愛操控他人。

後來有個男人闖入她的心房，但他只是個普通的司機。他們陷入愛河，女方卻始終不承認這段感情。這個男人已經到了會感受到結婚壓力的年紀，身邊也不乏追求者（他的外在條件不錯），因此認真考慮過是否要另做選擇。有幾次他看好對象，準備要結婚了，我的朋友都會從中破壞，讓對方知難而退。但是，她始終不肯給她的男人一個名分，也不和他住在一起。雖然這個男人從來沒有被她全盤接受過，但他的愛讓她捨不得離開他。

最讓我感動的是，這個小男人（他年紀比女方小一截）是真的愛她這個人，接受她的壞脾氣、控制欲和工作狂熱，甚至是對他的羞辱（不承認他）。我的朋友無法接受男方的主要原因，就是他們兩人的年齡、學歷、見識、社會地位和賺錢能力之間的差距不是普通大。她害怕別人的眼光，尤其是她的父母。

我不了解的是，其他人（朋友、同事）能帶給她幸福嗎？任何會嘲笑你的人都不是你的朋友，那就切斷和他們之間的連繫，不必往來了。至於父母，我真的不知道她的父母親是願意看到女兒一個人孤獨終老，還是希望有個真心愛她的男人在身旁陪伴她？

其實最重要的是，我的朋友自己有沒有因為這個男人各方面的條件和她相差甚遠而輕視他？（多少有一點吧！）在這種情況下，真愛是不會到來的，因為她付出的本來就不是真正的愛。雖然對方付出了真愛，她卻只能接收一半，還面臨失去的危險。

我相信真愛是沒有界限、沒有負累、沒有條件限制的。

這一生，你可能碰不到，也可能有幸遇上，我不敢肯定。

可以確定的是，當你碰上真愛那一瞬間，你一定會認出它來的！

❋——給親愛的你——❋

每個人都在追求愛、喜悅、和平，但為何幾乎人人落空？因為，你失落了真實的自己。

婚姻必修課：溫柔的堅持

對於婚姻，我有個較為前衛的看法：我覺得婚姻制度違反人性。如果沒有婚姻制度的束縛，人們在尋找對象時，會更傾向找到與自己身、心、靈真正契合的伴侶，而不會受到家庭（門當戶對）、時間（適婚年齡到了，非娶非嫁不可）、外在條件（金錢、外貌）、生兒育女的壓力等因素影響，而選擇了並非真正適合的伴侶。

在婚姻制度的約束下，即使你發現自己的伴侶不是你真心想要或與你心靈契合的，你也必須困在婚姻裡，因為這時你已經承擔了許多社會責任、家庭責任、子女責任、輿論壓力、外人的眼光等。所以，現代社會的離婚率激增，但婚姻出現問題卻維持現狀的人，也不見得真正快樂。

回到靈性的觀點，這些其實都不重要，畢竟外面的世界沒有別人，你把自己修好了、處理好了，自然會在生活中找到平衡點。這個平衡點可能不為外人接受，或是別人無法理解，但你知道自己是安適自在的，這點最重要。

那麼身為女性，如何才能活得既獨立自主，又擁有平衡的親密關係呢？真正的獨立自主是在自己之內，而不是外在的。或許有許多女性追求獨立自主，卻不為家人所接受，於是必須以脫離婚姻的方式得到那份自由的感覺。其實，真正的自由是內心的自由，而不是外在的、物質的。

東方女性長久以來一直處於被動、順從的地位，現在雖然情勢有所改變，但大家還是沒學會「溫柔的堅持」這項功課。你是否能在家人的反對之下，仍然開心地做自己想做的事？我想，那些追求獨立自主的女性之所以提出離婚，缺乏的就是這種溫柔的堅持。

她們希望另一半可以接受她們的改變，或是支持她們想做的事，另一半如果不同意，她們只好以離婚結束婚姻。其實，不見得要這麼做。如果學會溫柔的堅持，那麼在另一半反對、不給好臉色的情況下，妳還是可以安心地做自己的事，不需要採取那麼激烈的手段來追求獨立自主。

❋——給親愛的你——❋

想要擁有好的親密關係，必須先寬恕自己的父親，因為我們和父親的關係模式，會不可避免地在親密關係中重複；而和母親的關係，也必然會影響我們和親密伴侶的關係，不可不慎！

WANG.P.Y

「我」需要你的愛，這是真的嗎？

作家曾子航在他的暢銷著作《女人不狠，地位不穩》中提出了一個看法，認為「三不」女人是最吸引人的——「思想深藏不露，行蹤飄忽不定，性格捉摸不透」。根據人性（尤其是男性）的弱點，這個說法倒是挺準確的。不過，這種女人以天生的居多，後天很難學成，但也不是不可能，所以我們就來探討一下，看看如何讓自己變成一個有吸引力的女人。

我指的是內在層面的吸引力。當然，大家都知道（我也深信不疑），天下沒有醜女人，只有懶女人，外在條件是可以改造的，不過我在這裡談的是內在，也就是最難改變的部分。

許多女性朋友常常談到自己沒有自信，擔心老公不喜歡她，擔心老公出軌，她自己也知道這樣不對，卻沒有更好的辦法。以我自己的經歷和研究結果來說，我發現愈沒有安全感的女人，愈沒有尊嚴，愈會把老公推到外面的女人那裡，就好像妳有一隻手緊抓著他不放，另外一隻手卻把他往外推。

該怎麼辦呢？這些女人要如何改變，才能符合「三不」女人的標準，或者說，成為有吸引力的女人？當然，我們都知道第一步就是要建立自信，但自信是如何建立起來的呢？

以我自己為例，我其實不是特別符合「三不」女人的標準。我是「有話直說」型的，但有時會使點詐，語出驚人或耍些幽默，讓自己看起來不那麼沉悶。我的行蹤很穩定，一點都不飄忽，每天做些什麼都向伴侶報告，不過我常常出去旅遊，或是出其不意地參加一些活動，做一些奇怪或好玩的事。至於性格方面，我天生善變的個性倒是符合標準，對一成不變的事物很容易厭倦，所以不斷地創新和改造自己。當然，我也會不斷地改善我和親密伴侶之間的關係，以及我們的生活方式。

然而，我覺得自己最吸引親密伴侶的地方，在於我不斷學習、充實自己，持續發掘自己的各種面向（遇見未知的自己），所以這些年來，我的改變有時讓自己都覺得驚訝。我建議那些一天到晚緊盯著老公不放的女人多花點時間充實內在，找到自己的興趣，培養自己的愛好，學會自得其樂，讓對方知道妳沒有他也可以活得很好，那麼男人就會比較服帖。

要做到這一點，首先妳必須把目光收回來放在自己身上，不要一天到晚把伴侶的行蹤、言語、習慣、行為拿到放大鏡下面研究，尋找他不愛妳的證據。妳可以運用拜倫・凱蒂的「一念之轉」來檢視自己的想法。

當妳「看」到自己有了這樣的念頭：「老公這麼晚回家，都不想花時間跟我在一起，證明他一點也不愛我。」這時妳就要有所警覺，並且問自己：「這個想法是真的嗎？他晚回來、不花時間跟我相處，就是不愛我嗎？當我這樣想的時候，我會如何對待他？當我沒有這種想法時，我又會怎麼對他？」

妳認為哪一種對待方式會留住老公的心，讓他更愛妳？最後妳可以將這句話反轉成：「我這麼晚回家，都不想花時間跟自己在一起，我一點也不愛我自己。」妳不妨檢視一下它的真實性。是啊，妳的心思全放在那個夜歸的人身上，沒有人在家陪妳（連妳自己也「不在家」，因為妳的心思不在），妳沒有花時間在自己身上，妳一點也不愛自己。這個想法的真實性不輸於前者，但妳一直把焦點放在前面那個念頭上，給自己找麻煩，也讓對方很痛苦。除非妳對受苦上癮或喜歡製造人生戲碼，否則神志清醒的頭腦是不會做出這種選擇的。

另外，妳要學習回觀自己。這並不容易做到，但是那些一天到晚擔心老公「走私」的女人啊，請妳們一定要試著把注意力多放在自己身上，不要像個三歲小女孩一樣一直在乞討愛，這樣做是沒有用的，妳的男人會被妳這些行為和能量弄得很煩，難怪他不想回家。試想，哪個男人希望一回到家就看見一個需求無度又愁眉苦臉、疑神疑鬼的「黃臉婆」？這種方式只會把他推得更遠，一點用都沒有。

當妳看見自己的行為時（看見自己又在乞討愛了），可以問問自己：「我需要他的愛，這是真的嗎？此刻我過得很好，我在呼吸，我在走路，我在活著，我真的需要他的愛嗎？」

我發現，我們對伴侶的渴望和需求其實來自內心深處的某種空洞感，那是我們的本質，沒有什麼好恐懼或排斥的。但由於我們習慣拿東西來填補，因此，伴侶的存在和他的愛就成了最有效的填補「工具」。

不安全感的另一個來源就是以下這個念頭：「沒有妳，我活不下去，我會孤獨以終。」我們同樣可以好好運用「一念之轉」的方法來質疑這樣的想法。如果妳真的去做了，就會放下這個念頭，然後活得更自由、更喜悅、更有尊嚴！

妳說妳愛他？其實他只是妳用來填補內心那個空洞的工具而已，否則愛為何那麼容易變成恨？妳的愛又為什麼如此狹隘？這根本無法叫作「愛」。如果妳能學會回觀自己的內在，願意安靜下來陪伴自己，一個人去做一些讓自己開心歡喜的事，那麼妳在放過伴侶的同時，也在培養自己成為一個最有魅力的女人。

下面這個小故事來自拜倫・凱蒂《我需要你的愛。這是真的嗎？》一書，故事說明了當一個女人能夠享受獨處的樂趣、找到自己的快樂時，會有多誘人。在這種狀態下，男人會不由自主地被吸引，而不是被妳強拉到身邊。

我的伴侶拒絕和我做愛已經一個月了，這讓我覺得很痛苦、很受傷。某天晚上，我質疑了「我需要他認爲我有魅力」、「我們應該做愛」這類念頭。很快的，我發現自己一個人也很開心，我根本不需要他和我做愛，甚至不必自慰。我穿著睡衣和襪子，沒有化妝，與我的泰迪熊共舞，被耳邊一首關於愛和感恩的歌曲深深感動。我和自己相處得十分愉快。

他回家後，站在那裡愣愣地看了我一會兒，然後把我拉進臥室。在我花了好幾個星期試圖說服他和我做愛之後，我們在一起度過了一段非常甜蜜美妙的時光，簡直是棒透了。

在這件事裡面，我最喜歡的是我體驗到的那份平靜——光看到他回來就很快樂。我喜歡這樣的簡單，喜歡自己沒有企圖表現性感，或者刻意展現自己去勾引他。我喜歡和我及我的泰迪熊在一起，也喜歡跟我的男人共處。

做個有魅力的女人吧，這沒有妳想的那麼困難！

❋——給親愛的你——❋

對最親近的人，我們要注意溝通的方式和方法。如果是為了自己，而且自以為有權利控管對方，認為自己可以介入他人的領域，促使對方改變，這種做法不但白費力氣，還會讓兩人的關係變得緊張。你可以把你知道的，你認為對的、正確的事情和他們分享，但背後不要設定一個預期的結果，例如「你一定要聽我的，不然……」之類的話，對方會比較容易接受。

向自己的婚姻請個長假

一位好友寫信告訴我，說她準備take marriage sabbatical（向婚姻「請」個長假），自己一個人出去旅遊一段時間。

"sabbatical" 在英文裡有「長假」之意。許多制度完善的大公司或教育機構，在員工連續工作一定年限（有些是七年，有些是十年）之後，就會讓員工放個三星期到兩、三個月不等的長假，而且是有薪水可以領的。

我倒是第一次聽說marriage sabbatical（婚姻長假），但是一聽就覺得這個主意真棒！

有一本暢銷書，叫《享受吧！一個人的旅行》，我非常欣賞。作者小莉有過一次可怕的離婚經驗之後，決定此生不再讓自己落入那個圈套。這本書就在描述她好不容易逃脫婚姻牢籠之後，自己一個人離開美國，去義大利、印度和峇里島旅遊的經歷。

書的最後，她在峇里島找到真愛，可是老天偏偏跟她開了一個大玩笑：她的巴西籍男友在進美國海關時被銬上手銬帶走了。海關官員冷酷地告訴他們，這個男人拿著觀光護照進入美國太多次，而且每次都是停留到最後時刻才走，有移民之嫌。除非他娶個美國公民，否則此生都無法再進入美國了。

小莉陷入痛苦的抉擇之中。她不願意離開自己的國家，而她的男友也必須進入美國做一些貿易生意，所以她只能硬著頭皮結婚。小莉的個性跟我很像，什麼事情都要做到最好，婚姻也不例外。她堅持這次不能再離婚了，便去研究婚姻的歷史，研究各種不同文化之下的婚姻狀況、婚姻制度的變遷等等，然後寫成一本書，叫《約定：帶著愛去旅行》，談的基本上就是她研究婚姻的心得。

小莉研究之後發現，愈是因為情投意合而結婚的人，愈容易離婚，盲婚的婚姻成功率反而是最高的。這和靈性研究的結果其實很一致：會吸引你的對象，身上通常都隱藏了你和父母之間未完成的課題，等著你去做，所以愈是致命的吸引力，功課愈多、愈難。聽了就令人害怕吧？

當然，盲婚的社會環境和現代社會也不相同。盲婚的人大部分都很認命，而且婚姻最大的「殺手」——期待——是不存在於這樣的婚約中的。比方說，小莉到了東南亞某個國家，和那邊的婦女坐下來聊天，結果她問的每一個關於親密關係的問題，都讓那些婦女笑得直不起腰來。

例如她問：「妳們的丈夫好不好？」那些女人聽了就一直笑。小莉形容說，你問她們「丈夫好不好」，就好像在問「山上那些石頭好不好」一樣，是沒有意義的。在她們的社會中，女人之間的連結力量非常大，平時是看不到男人的，都是女人在一起生活。所以，丈夫對她們來說真的像山上的石頭一樣，除了傳宗接代之外，可能就沒有其他功用了。

反觀現代的婚姻，我們往往把對方視為靈魂伴侶（好沉重的名詞），一生一世相濡以沫（我這一輩子就託付給你了）。不但如此，在潛意識層面，我們還把對方視為自己所有需求的供給者，小時候在父母那裡得不到滿足的缺憾，都要在親密關係中得到補償。所以，很多人覺得對方應該知道我心裡要的是什麼，應該知道如何對待我；如果對方沒有做到，就會非常非常怨恨，彷彿一輩子、甚至好幾輩子的仇恨都被激發出來了。這就是為什麼現代社會的怨偶這麼多。

小莉還發現一件讓我印象深刻的事：婚姻對一個女人來說，負面影響大於正面，大部分女人或多或少都為婚姻犧牲過。看日本皇太子的婚姻就知道，他娶的老婆是哈佛畢業生，會說多國語言，皇太子苦苦追求多年，她都沒有動心，就是不願進入「皇室婚姻」這個比一般婚姻可怕得多的牢籠裡。但她最終還是被愛情打動，而且皇太子為了她遲遲不婚，所以全國人民都給她壓力。結婚之後，她深居簡出地住在深宮裡，聽說得了憂鬱症，身體很不好。

小莉在書中也舉了自家的例子。她的奶奶是一位非常傑出的女性，在美國社會普遍還歧視女性的那個年代，奶奶就自費念了大學，有一份非常好的工作，可以接觸到上流社會人士。但認識她爺爺之後，奶奶嫁到了農家，變成農家婦，洗盡鉛華，整天做粗活，還要伺候粗暴的公公和小叔。小莉和奶奶聊天時，問她覺得此生最快樂的日子是什麼時候，奶奶居然不說是自己光鮮亮麗地在上流社會工作那段時期，反而認為是剛嫁到農場、和丈夫胼手胝足地開創一個小家庭的時候。

當小莉告訴奶奶她要結婚時，奶奶著急地抓住她的手，顫抖地問道：「妳不會為他生孩子吧？妳不會為他放棄自己的寫作事業吧？」小莉很納悶，發現奶奶不後悔自己為了婚姻、家庭犧牲美好的前途，但顯然不希望後代子孫依樣畫葫蘆。我覺得這就像生孩子一樣，生孩子的過程非常痛苦，養孩子也很辛苦、煩心，但沒有一個母親會後悔。不過，如果要她重來一遍或再生一個，答案就不是那麼肯定了。

所以現代社會的大齡剩女（或說「敗犬」）愈來愈多，但其實很多都是自己的選擇——我過得好好的，有一份理想的工作，自己賺錢自己花，一個人過得多自在，為什麼要嫁給你，擔負那麼多責任（生孩子、家務，還有可怕的公婆），給自己找麻煩呢？

不過，我們都知道「一個人獨居不好」，而且許多現代女子在婚姻觀念上還是非常傳統（像我就是，當年的我覺得嫁人生子、照顧家庭、孝順公婆是天經地義的事），所以早早就套上了婚姻的枷鎖，擔負起很多責任。

因此，在孩子長大以後，「向婚姻『請』個長假」似乎是個好主意。但我們可以想像，很多男人聽到自己的妻子對他說：「老公，我不煮飯，也不洗臭襪子了。我要出去流浪。」心裡會有多震驚。然而，為了讓婚姻維持得更長久，兩人之間的空間其實是非常重要的。

最近我在讀一本關於親密關係的書，作者的描述非常恰當。她說，親密關係就像刺蝟之間的關係，刺蝟們冬天要擠在一起取暖，但身上的刺又會讓彼此不舒服，所以，如何找到一個最合適的距離，讓雙方都滿意，是一門學問。

愛他／她，就讓他／她自由。「自由」不是男人專有的權利，女人也應該有自己的空間和自由，這是維護婚姻的重要手段。

❋——給親愛的你——❋

如果你和父母之間有尚未完成的課題，也就是說，心中還是懷有芥蒂——而且很可能是潛意識的——就要試著在生活中觀察，並化解你對父母的怨懟。

溫柔的堅持和脆弱的要求

女人最厲害的武器是什麼？我悟了多年才悟出來，也為此付出了慘痛的代價。不過雖然悟出來了，我到現在卻連一半都做不到！在這裡，我要跟大家分享自己的一點心得和感受。

女人最厲害的武器有二：溫柔的堅持和脆弱的要求。

我以前的個性很強，缺點就是不會說「不」，所以每次被逼得要說「不」的時候，我都是以勃然大怒的方式，弄得大家不歡而散；如果不願意撕破臉，我只有忍氣吞聲，忍耐久了又會爆發，所以在處理人際關係時老是會出現各種問題。

多年前，我和老公、孩子到美國探望公婆。一下飛機我就生病了，很難受，可是我老公興致勃勃地要帶全家人去旅遊，路線是「舊金山—優勝美地國家公園—大峽谷—賭城—聖地牙哥—洛杉磯—舊金山」，一天換一家飯店。我老公一向不是個體貼的人，對於我生病這件事，他視若無睹，還排出這樣辛苦的旅程，弄得我滿腹怨言，但礙於公婆的情面，我只有默默跟著。

到了賭城，我又累又餓，看到飯店旁邊就有一家日本料理店，當時只想趕快抓點壽司來吃。我最不喜歡美國的食物，喜歡吃亞洲食物，可是老公堅決反對到美國吃日本料理這種傻事，說要去吃自助餐加牛排，有特價優惠，不過要走十幾分鐘才到得了那家餐廳。

當時我也是無法溫柔地說「不」。雖然我很明確地告訴老公，我很餓，而且一餓就全身發軟，很難受，他還是堅持說走幾步路就到了，要我別那麼嬌氣，我只有委屈地跟著前往。到了那家餐廳，一看又要排隊排半個小時，我差點沒餓暈過去。那時的我臉色當然不好看，所以在公婆的印象中，我每次回美國就會擺臉色。因為這個性，我沒少吃虧，但還是討不了好！

後來我發現，溫柔地說「不」，效果最好。假如我堅持地說：「我不去旅行，想在家休息。」老公頂多就是跟我發發脾氣，但我的目的達到了，可以在家養病；如果我保持微笑，他一個人發脾氣也發不了多久，只要我不生氣，這件事很快就會過去。去吃飯時也是，如果我微笑著說：「我真的很想吃日本料理。你們去吃牛排吧，我一個人留下來吃壽司，吃完我先回飯店休息，我累了。」這樣也沒事。

但為什麼我說不出口？為什麼我們做不到「溫柔的堅持」？後來我終於發現，無法溫柔地堅持是因為我們在說「不」的時候，心中會覺得愧疚、自責，所以寧可委屈自己，也不願去面對內在那份不舒服的感受。當我要說「不」的時候，胸口會立刻浮現一股非常不舒服的氣血動盪（就是愧疚感），這時就要把注意力放在這個氣血的波動上，關注內在；當你可以和它安然相處時，就可以抬起頭來，嘴角帶著一抹微笑，眼神堅定地說：「很抱歉，可是我必須說『不』！」

那麼，脆弱的要求又是什麼？其實，每一次攻擊，都是愛的呼求，我到現在才真正體會。夫妻之間最常聽到的爭論就是：「你根本不在乎我！你是個差勁的丈夫／妻子！」如果把這些話以另外一種方式表達出來，就是完全不同的意思，例如：

「你根本不在乎我！」（翻譯：我好需要你的重視哦！你能重視我嗎？當你那樣做的時候，我覺得自己沒有被尊重，我好受傷哦！）

「你眞差勁！」（翻譯：你沒有做到我希望你做的。我對你有一定的期望，當你做不到時，我覺得很受傷！）

「你從來沒有愛過我！」（翻譯：你現在做的事，或是之前的行爲，讓我覺得受到傷害，因爲它們沒有滿足我對你的要求，所以我認爲你不愛我。）

當我們怒氣沖沖地責怪對方時，其實是因為我們的內在不願意面對以下這個事實：我是脆弱的，我對你有期望，我對你有要求，是我的期望、我的需求讓我對你產生怒氣、對你失望，因此我才會如此憤怒。問題出在我身上，不是你。

但是，有多少人能夠不把焦點放在「責怪別人」上面，而放在自己身上呢？太難了。親愛的，外面沒有別人，這就是個很好的例子。大部分女強人（還有男人）都不願意承認自己有需求、有期待，反而會理直氣壯地指責對方的不是。

「不會檢討」是造成兩人發生衝突的主要原因，所以，這時你如果不去指責對方，反而溫柔地、脆弱地承認自己真的需要他這樣做或那樣做，效果可能會好得多。例如：

「你的應酬怎麼那麼多？煩不煩啊？」→「你的應酬好多哦！我一個人在家好寂寞，眞的很希望你陪我。」

「你怎麼亂買東西啊？花錢的時候都不會多想一想！」→「當你這樣花錢時，

我很緊張，擔心我們的財務會出問題。你知道，我對金錢老是沒有安全感。」

「你可不可以別把音樂開那麼大聲啊？吵死了！」→「音樂太大聲了，我耳朵很不舒服，麻煩你調小聲一點好嗎？」

不過我個人覺得，技巧可以學，但不一定有辦法運用，因為我們真正要面對的，其實是自己內在的脆弱；只有坦然接納自己內在的軟弱，你才可能使出這些技巧來。許多人不願意承認自己的需求和軟弱，選擇責怪對方，因為這比較容易。

溫柔的堅持，脆弱的要求。和天下女子共勉之！

給親愛的你

「他怎麼能這樣欺騙我？」、「他怎麼能變心？」、「他怎麼能瞞著我跟別的女人來往？」、「他當我是什麼？傻子嗎？」、「在他的眼中，我就這麼沒有價值嗎？」這些負面想法來自我們自己的無價值感，老是覺得自己不夠好。要知道，自己的價值是自己給的，不能把這個權利拱手讓人。

高品質的陪伴是送給自己和他人最好的禮物

能否保持臨在（意指活在當下）真的很重要，因為臨在是你通往本體、通往本源的那扇大門。而且，無論一個人是在哭、在鬧，還是在抱怨、在生氣，你能送給他最好的禮物，就是在他身邊臨在，也就是全然接受他現在的樣子、本來的樣子。

然而，每個人臨在的品質有所不同，不是你坐在他面前不說話就可以了。以前我期待老公給我一些安慰時，他通常就是一句話都不說，於是我會很生氣，因為這和我對枕頭說、對被單說的結果是一樣的，它們也不會回答我，什麼話都不說，完全沒有反應。或許他覺得不知道該說些什麼，所以保持沉默，因為那個時候他沒有那份臨在。其實，說些什麼並不重要，重要的是你的內在是否可以騰出一個空間給對方，讓他知道你的心裡有他，你能了解他的喜怒哀樂。人需要的是陪伴，而最高品質的陪伴不一定是用言語表達的。

所以，如果平常可以培養對當下的感知和臨在的品質，你就能提供自己所愛的人一份有品質的臨在。尤其是當你碰到重要的談判和會議，或者面對比較困難、令人難以啟齒的事情時，你要讓自己置身於當下，處於臨在之中，對方自然會被你帶到臨在裡。當你不需要思考、當你在胡思亂想時，把注意力帶到身邊任何一件聽得到、摸得到、感覺得到、聞得到、嘗得到的東西上，跟它一起「臨在」。一天抽出三分鐘去感知自己的臨在，你就會發現人生開始慢慢轉變。所以，臨在是培養內在空間最好的方法。

然而，光是意識到臨在仍然不夠，你還必須面對自己的陰影，也就是某些缺點和負面情緒。你要去「擁有」它，坦誠地認可它、接納它。剛開始你一定很難接受、很難擁有自己的缺點和陰影，因此，你可以在每天回家後，抽出一點時間跟自己獨處，想想今天你有哪些表現是自己不喜歡、可以檢討的，或者你剛剛又做了哪些自己不喜歡的事，感覺特別不好，那你就跟這份自責感待在一起，慢慢地適應它、接納它，而不是將它推開。

如果你沒辦法做到這一點、沒辦法表達你壓抑了多年的情緒，那就無法活在當下。

其實活在當下很簡單。只要跟任何看得到、摸得到、聞得到、觸摸得到的東西在一起，你就可以立刻活在當下。

可是，你腦袋裡的一些想法會不斷跳出來，它們不會輕易放過你，所以你必須學會療癒自己。

每個人生下來的時候都像一幅太極圖，但我們都只想看到屬於白色那部分的自己，所以永遠回不到本源。我們要做的，就是療癒另一半的自己。唯有願意承認、接納黑色那一半，你才能回到本源。

你可以找個對象，蠟燭、神像都可以，或者，你可以呼喚你喜歡的神的名字，例如耶穌、上帝、觀世音菩薩等，然後說：「我願意向你坦承，我看見自己今天很憤怒，因為我覺得他講的某句話傷害了我的自尊。但我願意接受那份情緒和感覺，因為那是我的一部分，是我在時間和這個分裂的世界旅行時所變成的『我』。我知道它不是我的本來面目，願意接納它。」

這是個療癒的過程。當你療癒好這些東西，你就能真正擁有、承認、坦承、接受、認可全部的自己。

說到療癒，我又想到「追求」。我們每個人所追求的究竟是什麼？以人際關係來說——與父母的關係也好，與朋友、伴侶的關係也罷——我們到底在追求什麼？是他們的愛、他們的關心嗎？其實都不是，那些只是表面上的。我們真正需要的，是有個人為我們臨在，與我們一同處於當下。所以，我只須看到你，甚至不必去撫慰你的悲傷、不必去勸解你，因為當我勸解你的時候，我就成了幫助者或老師的角色。我只想告訴你，我很關心你，我現在和你一同處於當下，心裡沒有任何雜念，只是和你一起好好地待在這裡——這是你可以送給孩子、伴侶及父母最好的禮物。

許多人沒辦法向父母表達自己的愛，而有了經濟能力之後，又說不出「愛」這個字，只好拚命買東西送給父母。可是我們每個人真正需要的，就是有個人可以和自己好好地處於當下而已。因此，你什麼事都不用做、什麼話都不用說、什麼禮物都不用送，你甚至只要握著對方的手，或是陪著他，讓他感覺到你的存在、感覺到你整個人是在這裡的，那就足夠了。

——給親愛的你——

記住，管好自己的事最重要。為親人擔心，其實是一種不負責任的加害行為！能量世界有其定律，你之所以會嘮叨、擔心，是因為無法承擔一絲絲可能會失去親人的危險，於是把壓力投射到他們身上。

任何時候都要做回自己

我先說個笑話給大家聽：有個人去深山老林裡修行了一段時間，覺得自己開悟了，便下山來，結果路上有人不小心踩了他一腳，他馬上火冒三丈，破口大罵。

這個故事告訴我們，離群索居的修行往往很容易，真正的修行還是在生活中。而且，生活中的修行真的很難，尤其是跟伴侶，因為伴侶就像彼此的鏡子，會把對方最不願意看到的東西都照出來。這時，夫妻雙方最容易變得「無意識」，最容易退化成無理取鬧的小孩，最容易把一些深層的負面情緒都帶出來，即使是靈修的夫妻也是如此。

我曾經遇到一對夫妻，男的是靈修老師，他對我說：「我上課很受學生歡迎，可是回到家和老婆吵架時，她就會說：『你不是要學生去覺察自己的情緒嗎？你自己怎麼不做？你把你寫的書再看一遍，把你告訴學生的話再對自己說一遍。』」我和老公鬧彆扭時，也會受到如此待遇。

該怎麼辦呢？我建議夫妻在吵架時，要把對方當成小孩。無論是哪一方，如果可以有那麼一剎那抽離吵架的過程，站出來看看，發現其實對方的吵鬧、責問和質疑就像小孩子在無理取鬧一樣，這時，你就不會再糾纏其中了。

跟小孩相處其實最簡單，就是做你自己。孩子完全是能量的「雷達」，對父母發出的氣場最為敏感。有些人會問：「為什麼一歲半的小孩那麼愛發脾氣？」原因很簡單：問題出在母親身上。母親很不快樂、有許多憤怒，這些情緒雖然沒有向孩子表達，但你身上帶著這樣的負面能量，孩子就會吸收。

每次提到親子教育，我都會說，我們可以去讀育兒書，然後把所有育兒技巧都學會，但是你做得到嗎？很難吧。所以，最好的教育方式就是母親抱持著一種平和、喜悅的心態。你處理好跟自己的關係以後，跟孩子的關係就很容易處理、就會很順利。父母如果無法接受自己，就會喜歡挑剔孩子的毛病。另外，有些父母自己沒有實現某些理想，就希望孩子去完成，這些都是不好的家庭教育方式。

很多母親在孩子出門上學時，都會千叮嚀、萬囑咐，叫孩子不要做這個、不要做那個。這是因為母親自己沒有安全感，長此以往，孩子就會愈來愈謹小慎微。你愈是能接受自己，就愈能接受孩子的天性、愈懂得信任和鼓勵孩子，如此一來，也就愈容易把好的能量和性格傳遞給孩子。

❋——給親愛的你——❋

我們一直忽視「能量」這個東西，殊不知，人與人之間，尤其是親密的家人之間，都是靠能量的交互作用在互動。小孩子的能量場比較開放，所以很容易受到大人影響。別忘了，孩子之所以出現偏差行為，是因為需求沒有得到滿足。所以，責任還是在大人。

有條件的愛不如不愛

什麼樣的父母是成功的？

父母的成功不在於他的孩子多孝順、多有出息，為父母爭了多大面子，帶給父母多少安慰。

如果用這種標準來衡量父母成功與否，實在太本位主義了，這完全是從父母的觀點來看「如何教養孩子」這件事。

看到很多為人父母者一心想要孩子出人頭地，美其名曰「要他將來有出息」，但隱藏的深層含義可能是「為我爭光，讓我以你為榮，別讓父母親丟臉」，甚至是「我老了還要靠你呢」！

這樣的父母讓我想起那些養鬥雞的人。他們對自己養的雞好得不得了，讓牠吃得好、住得好，細心照料，目的就是希望牠上場的時候能夠打贏別的雞，好為養雞的人賺錢或爭面子。如果養孩子背後有這樣的動機，真是孩子的災難，難怪現在很多小孩都過得不快樂。

這種把孩子當成自己資產和所有物的父母，他們無意識的心聲可能是：

「我要你取得我不曾達到的成就；我要你在這個世界上揚眉吐氣，讓我也可以藉由你揚名立萬；我為你犧牲了這麼多，不要讓我失望；我之所以對你的所作所為不以為然，就是有意讓你覺得愧疚且不舒服，這樣你才會按照我的意願行事；我當然知道什麼對你最好，這點毋庸置疑；我愛你，而且也會一直愛你，只要你做的是我認為對你有益的事。」（參見艾克哈特・托勒的《一個新世界——喚醒內在的力量》）這是多麼有條件的愛啊！

另外一種父母也許對孩子沒有這麼高的期望，但喜歡以成年孩子的喜怒哀樂作為他們生活的依歸，過度關心孩子，讓自己的關懷變成子女嚴重的心理負擔。

我看到很多為人子女者都已經四、五十歲了，對父母還是只敢報喜，不敢報憂，因為只要稍稍透露一點不好的消息，父母就開始大為緊張，問一堆問題，時不時還打電話來追蹤最新情況。不然就是暗示你，他昨天晚上擔心得吃不下也睡不著，連最愛看的電視節目都看不下去……一直要你再三保證這件事一點問題都沒有，他們才會放過你。

我個人認為，父母的成功應該在於兒女敢跟你分享所有事情，不擔心你會批判他、有條件地愛他，或是懲罰性地不愛他；也不用擔心你會因此加重他的負擔，整天無來由地為他擔心。

有一次，我兒子放學回來就躺在床上，我問他怎麼了，他說不舒服。我沒多問，就要他先休息吧。過了一會兒，他來到我的桌前，把家長連絡簿拿給我看，結果我發現老師在上面寫著：「妳兒子今天在學校裡和同學打架，說髒話。請家長注意並簽名。」

看完之後，我第一個反應就是把兒子摟在懷裡，關愛地說：「哦，寶貝，你一定很傷心吧！」兒子立刻泣不成聲。我一直好言安慰他，告訴他：「人生氣的時候都會做一些自己平常不會做的事，你覺得自己做錯了，去向人家道歉就好，不要再責怪自己了。」

接著，我在連絡簿上回覆老師，說我兒子是個非常善良且多愁善感的孩子，他的確有情緒管理方面的問題，希望老師不要太責怪他，多給他鼓勵，我也會多加注意，並幫助他。（我一點也不覺得孩子讓我丟臉，這是很重要的！）

我第一個關心的焦點就是孩子的感受。他在學校做出這種事，本身已經夠難過了，我必須先安撫他的情緒；等事情過後，再問他一些細節，並告訴他管理自己情緒的重要性和方法。

我曾經開玩笑地告訴女兒：「我希望妳和我分享所有的事，即使妳懷孕了、吸毒了，我都可以接受，而且一如往常地愛妳。」

女兒骨碌碌地轉著她的大眼睛，用一副小大人的口吻說道：「對不起，媽咪，我在結婚前都不會懷孕，而且，我連抽菸都討厭，更不會去吸毒。」

我笑著對她說：「我知道，我知道，我只是希望妳可以心安理得地跟媽咪分享妳所有的事情。」

希望天下父母都能以孩子的感受為第一優先。孩子自己有自尊心，除非受到打擊或壓迫，否則他們本身就有奮發向上的動力，所以不要去打壓他們。讓孩子自然、快樂地成長，是吾所願。

❋——給親愛的你——❋

每個孩子其實都有兩種最基本的需求：重要感和歸屬感。他們必須感受到自己的重要性，並歸屬於家庭之中。如果這兩種基本需求沒有被滿足，孩子會對周圍的人、事、物，尤其是對自己，產生扭曲的價值判斷，並建立某些決定性的信念。而這些價值判斷和信念，會影響他們的一生。

國家圖書館出版品預行編目資料

愛上自己的不完美【全新版】/ 張德芬著.
--初版.--臺北市：皇冠文化. 2018.01
面；公分（皇冠叢書；第4674種）（張德芬作品集；03）

ISBN 978-957-33-3359-3（平裝）

1.修身 2.生活指導

192.1　　106023466

皇冠叢書第4674種
張德芬作品集03
愛上自己的不完美【全新版】

作　　者—張德芬
發 行 人—平雲
出版發行—皇冠文化出版有限公司
台北市敦化北路120巷50號
電話◎02-27168888
郵撥帳號◎15261516號
皇冠出版社(香港)有限公司
香港銅鑼灣道180號百樂商業中心
19字樓1903室
電話◎2529-1778　傳真◎2527-0904
責任主編—許婷婷
責任編輯—張懿祥
美術設計—嚴昱琳
著作完成日期—2017年8月
初版一刷日期—2018年1月
初版四刷日期—2021年11月
法律顧問—王惠光律師

讀者服務傳真專線◎02-27150507
電腦編號◎565003
ISBN◎978-957-33-3359-3
Printed in Taiwan
本書定價◎新台幣350元/港幣117元